KB089711

아이러니스트,
영화관에 가다

· 표지 및 본문 일러스트: 비비태

아이러니스트, 영화관에 가다

양진호
평론집

작가

나는 미국 철학자 리처드 로티의 '아이러니스트'라는 단어를 좋아한다. 진리에 대해 이야기하는 대신 자기만의 방식으로 삶의 번뜩이는 순간을 발견하고 구체화하는 사람들. 그들은 진리에 의해 구성된 거대서사 속에 엉뚱한 어휘들을 적극적으로 끼워 넣는다. 아이러니스트의 이야기들로 세상의 거짓과 부조리가 단숨에 무너질 수는 없지만, 그들이 잠깐 재밌게 놀다 떠난 자리에는 '우연성'이 남는다. 어른들에게 배웠던 많은 것들이 나와 상관없는 무언가가 되는 텅 빈 공간. 거기에 나는 아이러니스트처럼 나만의 이야기를 써 나갈 수 있었던 것 같다.

내게 영화 속 인물들은 그런 아이러니스트였고, 극장은 그들이 만들어 놓은 우연성의 공간이었다. 중년이 되기 전까지 나는 그들의 노력에 대해 한 번도 제대로 감사하다는 얘기를 하지 못했던 것 같다. 쿠엔틴 타란티노, 미이케 다카시, 류승완…… 내게 영화라는 단어를 가장 흥미롭고 구체적인 장면들로 가르쳐준 이들에게 이 책을 전하고 싶다.

그리고 어려운 살림에도 비디오 데크가 달린 TV와 가정용 게임기를 내 12살 생일 선물로 마련해주셨던 아버지에게도 감사함을 전한다.

양진호

차
례

2부

1부

병 속에 담긴 말들

〈운디네Undine〉(크리스티안 펫졸드, 2020)

나는 글자를 적었다 그리고 물이 내게로 올 때까지 기다렸다 물은 사람을 죽이지 않았고 물은 生도 아니었다 물 안에 든 生이 있었다 누구의 것도 아니었다 유리병에 넣으면 生은 사라졌다//(중략)//나는 나가고 싶었다 그래서 사람이 오기를 기다렸다/나는 어디로도 흐르지 않았다 나는 내가 아주 많은 장소를 지나 어딘가에서 뒤를 돌아본다고 생각했지만 잠깐 나는 찰랑거렸을 뿐이었다 나는 사람이 아닌 다른 것으로서 사람을 기다렸다 나는 멈춰 있었다 나는 사랑을 기다렸다

—장수양, 「여는 시」 부분[1]

---

1   장수양, 『손을 잡으면 눈이 녹아』, 문학동네, 2021, 28~29쪽.

유럽의 신화나 동화 중에는 '물에서 온 사람'에 대한 얘기가 많다. 그리고 그것은 '사랑'과 관계되곤 한다. 물에서 온 사람과 사랑에 빠진 인간이 그와 함께 물속에서 살기도 하고(영화 〈셰이프 오브 워터〉), 반대로 사랑하는 사람의 헌신으로 물속에서 온 사람이 평범한 인간이 되어 육지에서 살아가게 되(애니메이션 〈인어공주〉 등)기도 한다. 이런 사랑 이야기에는 공통점이 있다. 그것은 그들이 이야기 속에서 '불완전'해진다는 점이다. 그들의 사랑이 불완전한 것이 아니라, 사랑하는 동안 그들의 '존재'가 불완전해진다는 뜻이다. '인간'과 '인간 바깥'의 감정 사이에서 사랑은 형태를 갖춰 간다. 그리고 이야기는 언제든 다시 '흘러갈' 수 있게 된다. 가족이나 이웃을 가질 수 없는 그들은 어떤 공동체 속에서도 하나의 구성원으로서 온전히 규정될 수 없기 때문이다. 문학은 그런 불완전의 순간을 선물하는 것 같다. 우리는 종종 자신의 삶이 유리병 속에 갇힌 것 같다고 느끼곤 한다. 그래서 우리의 감정은 항상 바깥을 향하고 있고, 그곳에 있는 타자를 향하고 있다. 우리가 느끼는 '출렁임'은 그 불완전에 대한 감각이자 사랑의 감각이고, 또 자유의 감각이기도 하다. 유리병 바깥의 타자를 생각하는 동안 우리는 잠시 다른 존재가 되어 유리병 속의 시간을 견뎌낼 수 있기 때문이다.

하지만 그 감각은 우리를 불안하게 만든다. 고정된 형태를 가질 수 없는 사랑 속에서는 현실도 함께 흔들릴 수밖에 없기 때문이다.

아이러니스트, 영화관에 가다

나는 그를 사랑하는가. 그는 나를 사랑하는가. 우리의 사랑은 이 세계 속에 잠시라도 정착할 수 있는가. 우리는 계속 질문할 수밖에 없다. 그리고 그것은 슬픈 결말을 불러오기도 한다. 누구나 그런 질문의 무게를 온전하게 감당할 수는 없는 탓이다.

크리스티안 펫졸드의 영화 〈운디네〉는 그런 불안 앞에서 희미한 존재가 되어 가는 한 연인의 이야기를 다룬다. 그리고 흥미로운 것은, 이 영화에서 그 이야기는 한 도시(베를린)의 '과거'와 '현재'를 껴안고 그 사이로 흘러가고 있다는 점이다. 베를린 장벽이 붕괴된 이후 여러 번 리모델링 된 도시의 주변을 '물에서 온' 여자와 '물처럼 맑은' 남자가 함께 유영한다. 그리고 그들은 도시의 견고함을 서서히 녹여 나가며, 역사에 기록되지 않은 무언가가 균열 사이에서 흘러나오도록 만든다. 한 연인의 불안이 도시의 불안을 가져오고, 그것으로 인해 도시가 스스로를 무너뜨리며 내면의 목소리들을 쏟아내게 되는 것이다. 그래서 그들의 사랑은 사전(事典)에 기록된 말들로 사전에 담긴 의미들을 지우는 시인들의 문자를 닮았다고도 할 수 있겠다.

〈운디네〉는 물의 정령이었던 주인공 '운디네'와 순수한 남자 '크리스토프'의 비극적인 사랑 이야기를 다룬다. 그리고 이 영화는 세 개의 응시를 교차시키며 서사를 직조해 나간다. 강의 정령 '군터'의 응시, 운디네의 예전 연인인 '요하네스'의 응시, 그리고 모든 등장인물을 무심하게 바라보는 '일상'의 응시가 그것이다. 박물관 가이드로서 평범하게 살아가는 운디네는 인간과의 사랑이 계속되지 못하면 연인을 죽이고 물속으로 돌아가야 했으므로, 요하네스가 자신을 계속 바라와 주기를 간절하게 소망한다. 하지만 그가 그녀를 버리고 떠나자, 물의 정령 군터(영화에서는 '메기'로 표현된다)의 응시가 운디네의 삶 곳곳으로 침투해 들어온다. 그런 그녀의 새 연인인 크리스토프는 이 두 응시로부터 그녀가 도피할 수 있도록 '사랑'이라는 보금자리를 만들어 주지만, 그들의 사랑은 군터와 요하네스의 입장에서는 '텅 빈 공간'일 뿐이다. 그래서 둘의 응시는 경쟁하듯 그곳으로 파고들게 된다. 그리고 그보다 더 냉정한 '일상'은 쫓겨 다니는 연인을 그들의 생업의 장소로 계속 밀어낸다.

영화에서는 이것이 과거(군터, 동베를린), 미래(요하네스, 서베를린), 현재(일상)의 상징[2]으로서 그려지며, 운디네와 크리스토프의 사랑은 이 촘촘한 씨실과 날실 사이에 난 구멍처럼 표현된다. 즉, 이 영화는 '과거-현재-미래'의 균열로서의 사랑에 대해 이야기하고 있다

---

2 1949년 독일의 분할과 함께 베를린의 소련군 점령 지구가 연합군 점령 지구(서베를린)에서 분리되어 동베를린이 생겨났다. 그리고 소비에트 해체 이후 1989년에 베를린 장벽이 없어지고 1990년에 독일의 재통일이 이루어진 후, 더 이상 동베를린이라는 개념은 의미를 상실하였다. 하지만 자유주의 이데올로기로 통합된 베를린에는 여전히 동베를린 주민들이 가지고 있던 삶의 양태가 어느 정도 유지되고 있어서, 현재 이곳에는 '과거(동베를린)'와 '미래(서베를린)'가 뒤섞여 있다고 볼 수 있다. 그리고 '역사'에 대해 긴밀한 연관 관계가 없는 '현재(일상)'가 이 두 흐름 사이를 파고들어 베를린이라는 공간의 복잡한 맥락을 만들어 내고 있다.

는 것이다. 우리의 삶을 안전하게 지켜주는 울타리 같았던 이 세 개의 응시가 우리를 어떻게 억압하고 있고, 그것으로부터 우리가 어떻게 빠져나오려고 노력하는지에 대해 감독은 운디네와 크리스토프의 사랑을 통해 설명하고 있다.

세 가지 응시가 처음으로 교차하는 장소는 운디네가 근무하는 박물관 앞 카페다. 그녀는 자신에게 이별을 통보한 요하네스와 마지막으로 만났던 장소인 그 카페를 배회하는데, 갑자기 카페 한구석에 있던 어항이 흔들리며 낮은 음성으로 "운디네!"하고 부르는 목소리가 들려온다. 그것이 물속 세계로 자신을 불러들이는 '군터'의 목소리임을 직감한 그녀는 불안감을 느끼기 시작한다. 그때 박물관에서 그녀의 강연을 들었던 산업 잠수사 크리스토프가 그녀에게 다가와 "당신의 강의를 정말 인상 깊게 들었어요"라고 말을 걸어온다. 그러고는 잠시 후, 주변에 있던 어항이 갑자기 부서지면서 그 안에 있던 물이 둘을 덮친다. 쓰러진 크리스토프는 옆에 누워 있는 운디네의 옷을 뚫고 피부에 박힌 유리 조각을 떼어준다. 운디네는 순박한 표정을 한 크리스토프를 바라보며 미소를 짓는다. 기적적으로 나타난 한 남자의 친절함 덕분에 그녀는 군터와 요하네스에 대한 망상에서 벗어날 수 있었기 때문이다. 그때 소란스러운 소리를 듣고 달려온 카페 종업원은 그들에게 "이 멍청이들! 보험 잘 들었길 바란다"라고 비난을 퍼붓는다. 이렇게 운디네와 크리스토프의 사랑은 그들을 응시하는 어떤 시선으로부터도 환영받지 못하는 곳에서 하나의 오점(汚点)으로서 탄생하게 된 것이다.

응시들이 두 번째로 교차하는 장소는 운디네의 방이다. 그녀는 과중한 업무 때문에 시간을 내지 못해 또다시 연인을 잃게 될까 봐 불안해한다. 그때 비슷한 감정을 느끼고 있던 크리스토프가 그녀가 사는 단기 임대 아파트로 먼저 찾아오게 된다. 운디네는 다음날 관람객들에게 설명할 도시의 역사를 계속 외우고, 크리스토프는 운디네의 침대에 누워 그녀의 목소리를 흐뭇한 표정으로 듣는다. 그리고 그와 눈이 마주친 그녀가 침대로 다가가 연인을 끌어안는데, 크리스토프는 그녀를 조금 밀어내고 다시 그녀에게 강연을 들려달라고 부탁한다. 운디네가 크리스토프를 끌어안는 과정에서, 침대 옆에 있던 와인 잔이 벽으로 날아가 깨지며 그 안에 담긴 와인이 벽에 번져 나갔기 때문이다. 크리스토프는 자신과 연인 사이로 끊임없이 침투해 들어오는 응시로부터 불안을 느낄 수밖에 없었고, 그녀와 자신이 온전히 맺어지려 할수록 그것이 더 강렬해진다는 사실로부터 벗어나기 어려웠던 것이다.

그는 벽에 번진 와인을 마치 현실의 한구석에 각인된 불안처럼 느낄 수밖에 없었다. 그래서 그는 '현실의 맥락(박물관 가이드로서의 운디네)'을 뒤집어쓴 연인의 목소리를 들으며 잠시 그것으로부터 도피하려고 했다. 하지만 그 불안은 크리스토프뿐만 아니라 운디네도 느끼고 있던 것이라, 한쪽의 균열은 다른 한쪽의 균열을 향해 빠른 속도록 번져 나가게 되었다. 극도로 세련된 삶의 형태들은 우리의 눈과 귀를 사로잡으며 '설명 불가능한' 욕망들까지 한곳에 가둬 두려 한다. 그리고 그 현실은 우리에게 "건물의 디자인은 그 사용 목적을 깨달을 때 나옵니다. 형태는 기능을 따라가기 때문입니다"(베를린에 대해 운디네는 이렇게 암기하고 있다)라고 이야기하며, 마치 설명 불가능한 욕망은 건물의 사용 목적에 포함되지 않은 불필요한 감정인 것처럼 이야기한다. 그럼에도 불구하고 크리스토프와 운디네는 자신의 사랑을 '단기 임대 주택'처럼 일시적인 보금자리로라도 만들려고 노력하고, 그것을 언젠가 지켜낼 수 없다는 사실 때문에 좌절감을 느낀다.

앞서 인용한 장수양 시인의 작품(「여는 시」)에서, 시인은 "유리병에 넣으면 生은 사라졌다"라고 고백한다. 우리의 현실도 유리병이지만, 시인의 시 역시 설명 불가능한 감정이나 욕망을 잠시 가둬 두는 유리병일 수밖에 없기 때문이다. 영화 〈운디네〉의 크리스토프와 운디네 역시 자신들이 함께 있는 단기 임대 주택이나 '사랑'이라는 공간을 그런 유리병처럼 느꼈을지도 모른다. 그나마 위안이 될 만한 것은, 현실이라는 유리병은 도시의 욕망으로 포장되어 불투명하지만, '사랑'이라는 유리병은 그 안에 담긴 감정들을 투명하게 보여준다는 점일 것이다. 그런데 그 유리병이 깨지면, 그 안으로 '와인'같은 불투명한 현실들이 침입해 들어올 수밖에 없다.

응시들이 마지막으로 모여드는 곳은 '물'이다. 영화에서 물은 두 종류로 등장한다. 하나는 크리스토프의 일터인 '강'의 물이고, 다른 하나는 운디네를 버린 요하네스의 집 안뜰에 있는 풀장 속의 물이다. 크리스토프는 물속에서 용접 작업을 하던 도중에 계속 '군터'를 보거나 혹은 그와 비슷한 환상들과 조우하게 되는데, 그러다 결국 사고를 당하게 된다. 터빈에 다리가 끼어 물 바깥으로 나오지 못해 심장이 멎게 되었고, 구조대가 어렵게 그를 바깥으로 끌어냈지만 뇌사 상태가 되어 버렸던 것이다. 그는 아마도 강의 주인이자 운디네의 '아버지'와도 같았던 군터뿐만 아니라 그녀의 마음 한구석에 남아 있는 요하네스에 대한 감정으로부터도 쫓기다 사고를 당했을 것이다. 그런 크리스토프를 되살리기 위해 운디네는 자신의 숙명을 따르기로 한다. 예전 연인인 요하네스를 죽이고 자신이 태어난 물속으로 돌아가기로 한 것이다.

운디네가 요하네스의 집 문을 열고 침입해 그가 수영을 즐기고 있는 풀장으로 들어갈 때, 카메라의 시점은 3인칭이 아니라 1인칭이다. 운디네는 이 장면에서 '자신에 대한 응시'를 '자기 자신의 시선'으로 돌려놓고 있다. 즉, 그는 군터의 시점에서 요하네스에게 다가가 그를 살해했던 것이다. 이는 그녀가 '과거'에게 굴복해 '미래'와 '현재'(살인자가 된 그녀가 현재에 머물 수는 없기 때문에, 운디네는 요하네스를 죽이는 행위를 통해 자신의 현실까지 지워 버렸다고 할 수 있다)를 죽인 것처럼 보이기도 한다. 그러나 그녀의 행위에 대해 이렇게 단정할 수 없는 이유가 하나 있다. 이 장면 이후로 군터는 운디네와 크리스토프에게 목소리나 응시로 다가오지 않기 때문이다. 즉, 운디네는 이 장면에서 군터까지 함께 살해하고, 그의 응시를 빼앗아 자신이 '보는 자'로 거듭나게 되었다는 것이다.

그녀의 소망대로 크리스토프는 다시 살아나지만, 그녀는 그와 함께 사랑 속에 머물 수 없게 된다. 물의 세계로 돌아간 운디네는 이제 현실 세계에서 살아가는 크리스토프와 시공간을 공유할 수 없기 때문이다. 그럼에도 불구하고 크리스토프는 사라진 운디네의 자리를 대신한 아내 모니카가 잠들었을 때 강으로 들어가 옛 연인의 이름을 부른다. 모니카의 입장에서 이것은 자신에 대한 배신을 뜻한다. 그리고 크리스토프의 입장에서도 이 행동은 '죽음 충동'에 해당한다. 하지만 운디네는 자신을 찾아오는 그를 강 바깥으로 밀어낸다. 잠시 손을 잡아 주지만, 그녀는 그를 강하게 끌어당기거나 말을 건네지 않는다. 그에 대한 기억이 조금 희미해졌을까? 혹은 그녀가 현실의 언어들을 완전히 잊어버렸을까? 어느 쪽이 되었든, 여기서 한 가지는 분명하다. 크리스토프는 '육지'와 '물' 사이에 머물며, 예전보다 유연하게 두 세계를 오갈 수 있게 되었다는 것이다. 그때 그를 향하는 것은 운디네의 눈길밖에 없다. 이전에 그를 감시하던 군터와 요하네스는 이미 죽었고, 현실은 이 연인들 사이에서 잠시 멈출 수밖에 없기 때문이다.

현대 예술은 '눈에 보이지 않는 것'에 관심이 많다. 그것은 우리 눈앞에 여러 겹으로 놓인 정보들 속에 인간의 본질을 설명할 수 있는 것들이 거의 없기 때문이다. 우리는 매일 무엇인가를 좋아하라고 강요받고 있고, 또 무엇인가를 얻지 못하는 것을 스스로의 능력 부족으로 생각해야 한다고 강요받고 있다. 그러나 그 촘촘한 정보들 사이에 난 균열에서 '오류'의 응시가 흘러나오고 있다. 이를테면, 이동권 시위를 하는 장애인들과 세월호 유가족들의 목소리 같은 것들은 어떤 정보나 오락거리로도 쉽게 지울 수 없다. 현실 바깥으로 밀려난 그들의 목소리만이 우리가 '결핍'되어 있다는 것을 깨닫게 해주고, 그 자각의 과정에서 우리는 '출렁'거리거나 '生'의 감각을 느낄 수 있게 되기 때문이다.

예술은 우리에게 '시점'을 강요한 맥락들이 무너지는 공간이다. 그곳에서는 한 연인을 둘러쌌던 역사의 응시도, 한 시인의 삶을 가둔 매끈하고 불투명한 현실도 무너져 내린다. 단지 그곳에는 '안'과 '바깥'이 투명하게 보이는 유리병들이 세워질 뿐이다. 모두가 폐허 위에서 새로운 무언가를 만들어 나가야 하는 시대. 〈운디네〉는 그런 우리에게 '베를린 바깥의 목소리로 베를린을 다시 세워나가는 법'을 알려줄 수 있을 것 같다. 도시의 디자인은 그것이 담아낼 수 없는 어떤 기능들까지 고려할 때 좀 더 완벽해질 수 있다. 현실은 그것이 다 담아낼 수 없는 '사랑'의 양상을 끌어안을 수 있을 때에야 온전히 유지될 수 있다. 옛 연인에 대한 애도를 마친 운디네와 크리스토프는 투명한 내면으로 우리를 초대한다. 그리고 그 안에 담긴 언어들을 보여주며, '아직 말해질 수 없는 무언가'가 이 도시를 구축하는 데 필요한 새로운 재료임을 알려준다. 그들이 만들어 놓은 여러 개의 유리병 같은 환상 속을 오간 뒤에야 우리는 자신의 삶에 어울리는 새로운 건축 스타일을 상상할 수 있게 될 것이다.

이건 누구의 이야기인가요?

〈이제 그만 끝낼까 해I'm Thinking of Ending Things〉(찰리 카우프만, 2020)

〈이터널 선샤인〉(2005, 각본), 〈시네도키, 뉴욕〉(2007, 연출) 등으로 알려진 찰리 카우프만의 서사 속에서 여성 주인공들은 평론가 네이선 라빈이 정의한 캐릭터 유형인 '매닉 픽시 드림 걸'의 설정, 즉 "(젊은) 남성들이 삶을 그 미스터리와 모험을 포함해 끌어안을 수 있도록 가르치고 싶어하는 감수성 풍부한 작가-감독의 열띤 상상 속에서만 존재하는 여성"의 특징을 갖고 있다. 그녀들은 과거가 불분명하고 주인공과의 만남에 있어 서사적인 인과관계가 불확실하지만 독특한 철학이나 취향, 그리고 젊음(단순히 나이로 표현할 수 없는)을 가지고 있다. 하지만 그녀들은 넘지 말아야 할 선을 넘는다. 자신이 누구인지, 어떤 역할을 해야 하는지에 대해 종종 잊거나 스스로에게 그것을 질문하는 것이다. 꿈과 현실이 뒤섞인 카우프만의 서사를 정돈하는 유일한 존재가 '그녀'인데, 그녀들은 예외 없이 자신을 의심하는 순간을 맞는다. 그것은 아마도 그녀들이, 다른 영화의 여성 주인공들은 눈치채지 못한 어떤 비밀을 감지하기 때문일 것이다.

〈이제 그만 끝낼까 해〉의 첫 장면을 검은 바탕 위에 꽃무늬가 고풍스럽게 프린팅된 벽지들이 채운다. 그리고 한 여성이 나지막하게 읊는 "이제 그만 끝낼까 해. 이런 생각은 한번 찾아오면 내 머리를 계속 지배한다"라는 독백이 그 위로 차분하게 포개진다. 환한 빛이 들어오지만 바깥 풍경이 보이지 않는 창, 벽지와 비슷한 패턴의 무늬로 짜인 옷감이 놓인 재봉틀, 그 위를 배회하듯 깔리는 여성의 목소리…… 말하는 이의 모습은 드러나지 않는다. 그러나 목소리는 벽지와 옷감을 만지고, 계단을 걷고, 창문 바깥을 바라보고, 텅 빈 현관에 내려오고, 누구의 것인지 알 수도 없는 휠체어를 바라본다. 목소리는 남자친구 '제이크'를 언급하며 점점 안정된다. 그녀는 처음으로 남자친구의 부모님을 만나러 가기로 했다. "처음이니까 흥분되고 기대돼야 마땅할 텐데, 전혀 그렇지 않다"라고 고백하는데, 제이크와 헤어지려고 마음먹었기 때문이다. 그런 그녀가 '돌아오는 길'에 본 것들, 전부 똑같이 생긴 헛간들과 들판에 대해 이야기한다. 출발하기도 전에 돌아오는 길에 본 것들을 미리 얘기하는 것이다. "제이크를 아주 오래전부터 알고 지낸 것 같다. (중략) 정확히 알아야겠어.

7주라고 해두자"라고, 그녀는 재빨리 엉킨 시간의 실타래를 풀며 확신에 찬 어조로 남자친구의 이름을 언급한다. 그때 목소리뿐이었던 그녀가 서서히 모습을 드러낸다. 마치 '제이크'라는 물과 햇빛을 머금자 빨간 코트, 노란 목도리, 황갈색 곱슬머리와 지적인 미소가 벽지 속에서 피어나는 것처럼 말이다. 창밖의 풍경들을 모두 지워 버렸던 눈부신 빛과 같은 존재. 그 빛(제이크)의 "속을 알 수 없으니 그 기원으로 간다고 할까"라는 고백은 "이제 그만 끝낼까 해"라는 첫 대사를 시간 바깥으로 밀어낸다.

죽은 나무들과 잿빛 눈보라 속으로 그들의 자동차가 서서히 들어간다. 제이크는 여자친구의 이름을 '루시'로 기억하고 있다. 루시는 그가 가장 좋아하는 「어린 시절 추억의 불멸성이 남긴 자취에 대한 송가」라는 시를 쓴 워즈워스의 뮤즈이다. 제이크는 워즈워스가 루시라는 여자에 관한 여러 편의 시를 남겼다고 하면서, 아름답고 이상적인 여성인데 젊어서 죽는다고 했다. 여자친구에게는 '그녀와 너의 공통점은 이름뿐'이라고 했지만, 그녀가 대화를 통해 드러낸 직관력, 무엇인가를 다르게 보려는 태도에서는 워즈워스의 유토피아인 '유년의 빛'이 떠오른다. 제이크에게 고향 집은 기억의 시·공간이다. 그곳으로 가는 길은 어두컴컴하고, 목적지의 풍경도 크게 다르지 않을 것 같다. 거기서 유일하게 빛나는 것은 여자친구뿐이다. 그런 그녀가 제이크의 요청으로 자작시를 읊는다. 「본도그」라는 제목의 시에서, 화자는 '넌 계속해서 늙어 가지/아무것도 움직이지 않지만 네 몸속 소금의 물결만 출렁인다'고 권태로운 일상에 대해 고백한다. '초원의 빛'을 이야기하던 그녀의 입에서 '완전한 망각'의 세계에 대한 증언이 흘러나온다면, 이것은 제이크의 입장에서는 악몽일 수도 있을 것이다. 하지만 일상에 지쳐 가는 제이크의 진심을 꿰뚫어 보고 쓴 시라면, 그녀는 제이크를 잠시 '죽은 시간'으로부터 빼낸 것으로 볼 수 있다. 어느 방향으로든 그녀의 눈빛은 번뜩이고 있다. 사랑스러운 눈빛으로 제이크를 바라볼 때도, 창밖의 공허를 노려보며 '네 눈은 갈망하고 있다'고 선언할 때도. 둘은 순조롭게 자신의 기원과 가까워져 간다. 그들의 서사 속에 계속 늙은 청소부가 플래시백처럼 끼어들고, 불길하게도 그가 보고 듣는 것들이 제이크의 지식이나 기억과 병치되고 있었지만 말이다.

제이크의 부모는 아들과 여자친구를 반갑게 맞는다. 곧 식탁이 차려지고, 시골집의 허름함과는 어울리지 않게 화려한 음식들이 놓인다. 네 사람이 앉은 위치는 흥미롭다. 제이크와 아버지가, 여자친구와 제이크의 어머니가 서로를 마주 보는 위치에 있다. 그리고 부모가 앉아 있는 곳의 배경은 환한데, 여자친구와 제이크의 배경은 캄캄하다. 여자친구보다 제이크 쪽이 더 그런데, 키에슬로프스키의 〈데칼로그 IV〉(1989)에서 서로를 너무 사랑한 아버지와 딸이 혼돈 속에서 마주하고 있을 때 그들을 감싸던 방 안의 어둠을 모사한 것처럼 보이기까지 한다. 그 부녀가 그랬던 것처럼 제이크도 그 풍경 속에서 선명한 무엇인가로 드러나지 않는다. 왜냐하면, 그는 그 식탁에서 정확하게 '아들' 역할을 하고 있지 않기 때문이다. 그는 부모에게 '다른 세계'를 가져왔다. 지루한 일상이 반복되지만 그것을 삶으로 받아들이고 낡아 가는 부모의 공간에 여자친구라는 전령의 입을 빌려 유토피아를 소개하기 위해 식탁에 앉아 있는 것이다.

제이크는 두 세계 사이에 놓여 있다. 마치 화가가 그림 속과 그림 바깥이라는 전혀 다른 시·공간 사이에 놓인 것처럼. 그러나 화가의 발은 땅을 딛고 있고, 그림 속 세계는 허공에 있다. 화가가 할 수 있는 일은 그저 두 세계에 발을 하나씩 걸치고 있거나, 혹은 어느 한 세계 속에 있으면서 다른 세계를 잠시 잊는 것뿐이다. 제이크는 전자를 택했고, 그래서 낡아 가는 이들의 '아들'이면서 영원히 생기를 잃지 않을 뮤즈의 '남자친구'로 그 식탁 앞에 앉아 있었던 것이다. 그 유령 같은 상태의 불편함에 대해 그를 대신해 여자친구가 제이크의 부모에게 고백한다. 전문적으로 그림을 그린다는(그녀에 대한 세부 설정—이름과 전공과 직업—은 이 영화에서 계속 바뀐다) 그녀에게 제이크의 아버지가 "그림 속에서 그 풍경을 보고 감상에 젖는 관찰자가 없다면 그림의 감정을 우리가 어떻게 느낄 수 있을까?"라고 묻자 그녀는 "관람자가 자신을 풍경을 바라보는 사람으로 생각하면 되죠. 만약에 그림 안에 그 풍경을 보는 사람이 있더라도, 그가 그림 안

아이러니스트, 영화관에 가다

에 있으면서 자기 발을 내려다보지 않고 앞을 본다면 풍경을 보고 뭔가 느낄 거예요. 환경이 불러오는 감정은 본인의 것이지 환경의 것이 아니에요"라고 답한다. 꿈과 현실의 시차. 그것 때문에 멀미를 느끼면서도 현실의 시간에 자신을 '적응'시키지 않는 자. 그가 이 세상에 혼자 남겨진 게 아니라면 그는 얼마든지 고통을 견딜 수 있다. 제이크와 여자친구의 만남도 그렇게 시작되었을 것이다. 하지만 그들의 유토피아 안에서 제이크와 여자친구는 같은 소실점을 바라보고 있었을까?

둘이 탄 차는 다시 잿빛 도로 위를 지나간다. 어둠과 눈보라가 덧칠되어 있어, 그들은 이제 식탁 앞에서보다 더 흐릿해져 있다. 이제 그들은 자신이 원래 있던 곳으로 돌아가려고 한다. 존 카사베츠 감독의 〈영향 아래 있는 여자〉(1974), 데이비드 포스터 월리스의 권태로운 에세이들, 기 드보르의『스펙타클의 사회』같은 텍스트들이 둘 사이의 대화에서 명멸한다. 그리고 대화 속에서 여자친구는 잠시 '이본'이라는 캐릭터로 변한다. 이본은 플래시백처럼 계속 끼어들던 그 청소부 노인이 보던 드라마에서 등장하는 히로인이다. 그녀는 햄버거 가게에서 서빙을 하고, 남자친구가 찾아와 그녀의 일을 방해하면서까지 사랑 고백을 한다. 둘은 행복한 결말을 맞고, 청소부 노인은 엔딩 크레딧을 무심하게 바라본다. 그렇게 TV 속에 있던 이본이 제이크의 여자친구가 앉아 있던 조수석에 앉아 말한다. "드보르가 말했어. 스펙터클을 단순히 매스미디어 기술이 만들어낸 시각적 속임수로 이해해선 안 된다. 그것은 실질적으로 구현된 세계관이다."

영화의 화자인 제이크의 여자친구가 설정이 계속 바뀌는 것도 모자라 잠깐 엉뚱한 캐릭터로 변했다가 돌아오기까지 할 때, 우리는 이 영화가 대체 '누구의 이야기인가?'라는 의문을 가질 수밖에 없게 된다. 기 드보르의 얘기처럼, 우리는 영화를 보는 동안 스크린 앞의 우리를 완전히 잊는다. 그리고 그 영화가 로맨스 서사인 경우, 주인공이 남자라면 히로인이 우리의 여정을 안내한다. 그런데 그녀가 길을 잃거나, 자신의 설정을 헷갈리거나, 주인공에게 '내가 왜 너를 사랑해야 하지'라고 묻는다면 우리는 그 서사를 끝까지 따라갈 수 있을까? 이런 질문에 대해 제이크의 여자친구는 명확한 대답을 들려주지 않는다. 대신, 제이크가 우리를 생각지도 못한 곳으로 이끈다. 그들은 제이크가 다녔다고 '주장하는' 한 고등학교에 도착하고, 제이크는 쓰레기를 버리기 위해 여자친구를 차 안에 남겨두고는 다시 돌아오지 않는다. 초조함과 두려움 때문에 여자친구는 학교 안으로 들어가고, 거기서 서사에 간헐적으로 끼어들던 그 청소부 노인과 만난다. 그녀는 "제 남자친구가 여기 들어왔는데, 혹시 그를 보셨나요?"라고 묻고, 노인은 "남자친구가 어떻게 생겼죠?"라고 그녀에게 되묻는다. 하지만 그녀는 제이크에 대해 잘 설명하지 못할 뿐만 아니라, "왜 (그에 대해) 기억하겠어요? 아무 일도 없었는데"라는 말까지 한다. 그런 그녀에게 노인은 답한다. "아무도 못 봤어요. 하지만, 그래도 당신은 보여요"라고. 그리고 둘은 거기서 작별한다. 마치 이 것이 정말 이 영화의 제목에 들어 있는 '엔딩'이라는 단어를 설명해 준다는 듯이.

이 영화에서 그녀를 있는 그대로 봐 준 것은 그 노인뿐이다. 그전 까지 그녀는 제이크를 통해서만 재현되는 것처럼 보였다. 그가 설정 을 바꾸면 그녀는 그것을 의아해하면서도 받아들였고, 그가 없으면 그녀는 존재할 수 없는 것처럼 묘사되었다. 분명 제이크에게 유토피 아의 전령 같은 존재였는데도, 그녀는 서사 안에서 줄곧 소외되고 있었다. 만약 노인이 제이크와 여자친구의 로맨스라는 영화의 관객 이라고 가정한다면, 그들의 '엔딩'은 관객의 '그녀(혹은 그녀들)'에 대한 사과일까? 혹은 '그녀'를 통해서만 열 수 있는 꿈의 허구성을 인정하는 환멸일까?

마지막 두 시퀀스에서 제이크와 여자친구는 사라진다. 한 시퀀스 에서는 순수한 아름다움이 느껴지는 음악을 배경으로 춤을 추는 한 쌍의 발레리나가, 다른 시퀀스에서는 그들과 외모는 같지만 '유토피 아'의 반대편에서 현실을 받아들이고 늙어버린 제이크와 여자친구 가 등장한다. 카우프만 감독은 청소부 노인에게 〈이터널 선샤인〉의 클레멘타인도, 〈아노말리사〉(2016)의 리사도 남겨두지 않았으며, 심지어는 〈시네도키, 뉴욕〉에서 죽어 가는 케이든의 머리를 무릎에 놓고 그를 다독이던 '엄마 역할'의 배우조차 남겨놓지 않았다. 그러나 환한 빛 속에서 연인의 '처음 순간'을 재현하는 발레리나의 몸동작과 미소는 그 어떤 영화에서도 볼 수 없었던 아름다움, 작은 숨결 하나만 닿아도 부서질 것 같은 투명함을 보여준다. 그 순수한 세계는 영화 속에만 있을까? 아니면 영화 속에서조차 찾을 수 없는 것일까? 영화가 순수에 도달하는 유일한 통로는 아니지만, 극장이 하는 일은 현실과 무관하다고 생각되는 시간과 공간으로 우리를 데려가는 것이다. 거기서 우리는 쉽게 사랑에 빠지고 예정된 결말에 도달하는 연인을 만날 수도 있고, 혼돈의 세계에까지 도달한 연인을 만날 수도 있다. 분명한 사실은, 영화에서든 우리 내부에서든 그 '순수'는 완벽하게 가리거나 지울 수 없다는 사실이다. 그리고 그것이 눈앞에 나타났을 때 우리는 그것이 무엇인지 한눈에 알아볼 수는 없을 것이라는 사실이다. 클레멘타인과 리사는 '술주정'이나 '이를 딱딱거리는 습관' 같은 현실을 인정한다. 하지만 그런 모습 그대로 주인공 혹은 세계를 사랑하려고 한다. 영화는 그런 그녀들처럼 우리를 기다리고 있다. 그녀를 만났을 때 우리는 그녀에게 뮤즈가 될 것을 요구해서는 안 된다. 단지 엔딩 크레딧이 올라오기 전까지 그녀의 얘기를, 그녀를 따라온 풍경들의 얘기를 귀 기울여 들어주면 될 뿐이다.

여름의 젠가

〈미나리〉(정이삭, 2020)

1. 흙 색깔 때문에 여기까지 왔어

캘리포니아에서 아칸소로 가족을 데리고 들어온 젊은 가장 제이콥. 적막한 풀밭에 놓인 '바퀴 달린 집'을 보며 불안해하는 아내 모니카에게 그는 바닥의 흙을 한 움큼 집어 보여준다. 그리고 확신에 찬 표정으로 이야기한다. 이 비옥한 땅 좀 봐. 난 흙 색깔 때문에 여기까지 왔어. 검고 축축한 흙바닥이 그 순간에는 제이콥의 꿈을 담아낼 캔버스가 된 것처럼 보인다. 그는 이미 '한국'과 '캘리포니아'라는 두 장소에 대한 기억을 창고에 집어넣어 둔 상태다. 그런데 클로즈업된 그의 얼굴에서는 실패의 기억을 읽어낼 수 없다. 진심으로 자기 자신을 믿었기 때문이었겠지만, 어쩌면 '믿고 싶었'기 때문에 미소를 지을 수밖에 없었을지도 모른다. 딸(앤)과 아들(데이빗)의 호기심과 두려움이 뒤섞인 얼굴, 그리고 모니카의 불신감으로 가득 찬 얼굴 앞에서 그가 선택할 수 있는 표정은 그것밖에 없었을 것 같다.

그는 바퀴 달린 집 그 자체였다. 그리고 여러 개의 바퀴는 현실을 떠받들고 있는 위태로운 믿음이었다. 바퀴는 그를 아칸소까지 오게 했을 뿐만 아니라, 그가 사랑하는, 하지만 그 깊은 내면까지는 알 수 없는 아내와 자식들까지 미지의 땅으로 오게 했다. 이제 제이콥은 그 바퀴를 멈춰 세워야 했다. 그리고 그것이 땅에 단단히 박혀 컨테이너를 지탱하게 만들어야 했다.

80년대에 이런 가장은 제이콥뿐만이 아니었다. 출렁이는 자본의 흐름 속에서 한국의 젊은 아버지들은 감당하기 어려운 선택의 순간으로 내몰리곤 했다. 부동산 투자를 하거나, 성공이 보장되지 않는 사업을 벌이거나, 해외로 떠나거나. 돈의 흐름에 떠밀려 어디론가 굴러가야 했다. 하지만 영원히 흘러 다닐 수는 없으므로, 자신의 믿음이라는 바퀴가 파묻힐 수 있는 땅을 찾아야만 했다. 그때 검고 축축한 흙이 제이콥의 발목을 붙들어주었다. 그것은 아무것도 보장되지 않은 미래를 떠올리게 했지만, 적어도 타인의 욕망으로 가득 채워진 '돈'이나 '종교'와 같은 질료들보다는 훨씬 순수해 보였다. 그는 그 흙 알갱이들을 하나하나 해석해나간다. 아들을 데리고 땅속 물길을 찾아 나서고, 미국인 농부(폴)를 고용해 '한국식 농사'에 대해 가

아이러니스트, 영화관에 가다

르쳐주며 미지의 땅을 '익숙한 것'으로 만들어 나간다.

　그런데 영화의 중심 서사는 제이콥의 것이지만, 카메라의 시선은 제이콥의 시선과 일치하지 않는다. 그것은 이 영화가 한 사람의 완결된 기억을 재구성한 것이 아니라, 여러 사람의 기억을 하나로 응축해 보여주는 것이기 때문이다. 카메라는 대부분 3인칭 시점에 머물고, 데이빗의 시점으로 관찰하는 듯한 장면(주로 어른들의 대화를 문지방 너머로 보는 것처럼 표현된다)도 간혹 있지만, 그 시선은 부분적으로 앤과 모니카와 폴과 그밖에 다른 사람의 시점을 포함하고 있다. 그리고 관객의 시선도 그 안에 포함될 수 있다. 이 영화가 80년대, 그리고 미국을 배경으로 하고 있음에도 불구하고 우리는 여전히 어딘가에 정착하지 못하고 자본 속에서 떠돌고 있기 때문이다. 우리 중 누군가는 제이콥처럼 자신의 검고 축축한 흙을 찾아 거기 잠시 머물고 있을 것이고, 정이삭 감독 역시 '영화'를 자신의 토양으로 생각하며 거기에 '시간'이라는 컨테이너를 정박시켜 두었을 것이다. 그리고 멈춰 있는 동안 컨테이너 한구석에서 몇 개의 비어 있는 기억의 상자를 열어보고, 거기서 흘러나오는 낯선 이야기들에 귀를 기울이게 되었을 것이다. 우리와 감독의 '꽉 찬' 시간을 지탱해온 그 텅빈 시간의 블록들에는 어떤 힘이 깃들어 있었는지, 그것을 확인하는 게 이 영화를 보는 묘미 중 하나라고 생각한다.

2. 보이는 게 안 보이는 것보다 나은 거야

그런데 이 영화가 포함하고 있는 많은 시선 중에 '할머니(순자)'의 시선은 빠져 있다. 그것은 이 영화에서 그녀가 '낯선 사람'이기 때문이다. 미국이라는 생활양식의 바깥에서 온 그녀는 자신이 가져온 삶의 방식들, 이를테면 딱딱한 밤을 씹어 손자에게 건네는 낯선 모성애 같은 것을 보여준다. 거기까지는 한국의 전통적인 어머니(할머니)의 마음이라고 이해할 수도 있겠다. 하지만 순자는 뱀이 나오는 위험한 냇가로 손자를 데려가고, 테디베어나 레고 대신 화투짝을 손자에게 선물로 주고, 심장이 좋지 않은 손자에게 마음껏 뛰어 보라고 한다. 평범한 '한국' 할머니였어도 매우 낯설었겠지만, 그녀는 '평범한 할머니'의 기준에서조차 꽤 벗어나 있는 독특한 캐릭터였다. 그런 그녀는 이 영화의 1인칭 시점의 주인이 되기 어렵다. 순자의 관점은 제이콥에게도, 데이빗과 앤에게도, 심지어는 그녀가 고생하며 키운 딸인 모니카에게도 낯설다. 물론 관객인 우리에게도 영화 초반부 순자의 행동은 좀 낯설다.

그런데 그녀는 그 관점을 통해 빈틈없다고 믿고 있었던 기억의 건축물 사이사이에 끼어 있는 텅 빈 블록들을 발견해낸다. 그녀는 '바깥'에 있기 때문에, 우리의 기억들을 우리와는 다른 방식으로 볼 수 있었던 것이다. 순자는 블록에서 흘러나오는 이야기들에 귀를 기울이고, 그것을 자신만의 방식으로 오물거려 손자 데이빗에게 내놓듯 관객에게 내놓는다. 우리는 그녀의 얘기를 듣고 호기심이 생겨 조심스럽게 기억의 블록 몇 개를 꺼낼 수 있게 된다. 말하자면, 이 영화에서 그녀는 우리가 볼 수 없는 것들에 대해 얘기해주는 '이야기꾼' 역할을 하고 있다는 것이다.

순자가 데이빗과 앤을 데리고 냇가에 갔을 때, 아이들은 순자를 내려다보며 그녀에게 가까이 가지 않으려고 한다. 앤은 할머니에게 "할머니, 여긴 뱀 나오는 곳이니까 여기 있으면 안 돼요"라고 경고하지만, 잠시 후 데이빗은 누나와 할머니를 번갈아 보다가 할머니에게로 내려간다. 그렇게 데이빗은 할머니와 가까워지고, 앤은 그 자리를 떠나며 할머니와 멀어진다. 그때까지는 냇가에서 아무 일도 일어나지 않았지만, 데이빗이 할머니와 두 번째로 그곳을 찾았을 때는 멀찌감치 뱀이 나타난다. 데이빗은 뱀에게 돌을 던지고, 할머니는 그런 손자에게 "얘, 가만둬. 보이는 게 안 보이는 것보다 나은 거야"라고 얘기한다.

이 에피소드에서 세계에 대한 순자의 관점이 어렴풋하게 드러난다. 우리는 우리가 이해할 수 없는 것들을 피하거나, 혹은 그것을 완전하게 이해할 수 있는 무언가로 만들려고 한다. 모니카는 불확실한 미래로부터 도피하기 위해 종교나 어머니, 이웃을 찾았고, 제이콥은 자기 자신에 대한 믿음과 노력을 통해 낯선 미국 땅을 '가든'으로 바꾸밀 수 있다고 생각했다. 그들 부부도, 우리도, 자기 앞의 세계를 있는 그대로 대면할 용기가 없어서 어떤 전형적인 시각에 의존해 세상을 바라본다. 앤은 어머니처럼 위험한 곳을 피해 안전한 곳으로 도피했고, 데이빗은 뱀에게 돌을 던지며 아버지처럼 자신이 이해할 수 없는 어떤 것들을 세계의 바깥으로 밀어내려고 했다. 우리의 기억의 탑도 그런 선택과 배제를 통해 남아 있는 것들로 이뤄졌을 것이다. 하지만 순자는 조악한 컨테이너의 바퀴처럼 금이 간 블록들 대신, 속이 텅 빈 블록들이 끼워진 쪽으로 우리를 데려간다.

냇가는 농작물을 심기도 어렵고, 뱀이 출몰하기 때문에 위험하다. 하지만 순자는 거기에 미나리를 심고 정성스럽게 가꾼다. 미나리는 제이콥 부부의 선택과 배제 바깥에서 자라난 기억들을 닮았다. 일요일마다 교회에 가는 대신 십자가를 짊어지고 길을 걸어갔던 폴, 데이빗과 놀며 어른들 몰래 씹는 담배를 즐겼던 미국인 꼬마 조니, 교회에 나가지 않았지만 미국에 잘 적응하지 못하는 모니카를 다독여 주었던 병아리 공장 동료(한국 여성)…… 보편성의 바깥에서 자기만의 방식으로 살아가는 이들의 격려는 식탁 위에 오른 미나리처럼 제이콥 가족에게 마음의 양식이 되어 주었다. 그들이 자신의 진짜 '이웃'을 발견하게 된 건 순자의 말과 행동에 영향을 받았기 때문일 것이다.

순자가 오기 전까지 그들은 자신들의 눈에 '보이는' 미국에 대해

아이러니스트, 영화관에 가다

서만 이해하려 하고, 그렇지 않은 세계의 일부분들은 '모르는 것'으로 간주하려고 했다. 하지만 손자 데이빗을 낯선 것들에게로 데려가고, 그것들을 함부로 대하는 게 아니라 그것과 함께 사는 방법을 알려주는 그녀의 관점이 내면에 스며들면서 제이콥 가족은 미국이라는 곳을 '익숙한 곳'으로도, '낯선 곳'으로도 보지 않을 수 있게 되었다. '보편적인 미국 사회로의 편입'을 행복의 기준으로 삼은 순간부터 그들은 자신이 보고 싶은 것만 보려고 했다. 그러나 순자를 통해 자연스럽게 삶의 테두리 바깥에 있는 것들을 바라보게 되면서부터 그들은 미국이라는 외부 세계를 있는 그대로 바라볼 수 있게 되었다. 그들은 그저 자기 방식대로 살아가면 될 뿐이었다. 폴도, 조니도, 병아리 공장 동료도, '남들처럼' 살아가야 한다고 생각하지 않았다. 순자 역시 미국 사회에 적응하려고 하지 않았다. 단지 자신의 외부 환경을 있는 그대로 받아들이고, 그것과 함께 생활해나가려고 했을 뿐이다. 그들은 억지로 자신의 내면에 무언가를 채워 넣으려고 하지 않았다. 그래서 그들의 삶은 비어 있는 것처럼 보였지만, '평범한' 이들이 수없이 흔들릴 때도 그들은 안정감을 유지할 수 있었다. 성공도 실패도 없다. 거기에는 그저 '생활'이 있을 뿐이다. 정이삭 감독이 꺼낸 생활이라는 블록 속에서, 미나리 같은 소소한 이야기들은 누가 돌봐주지 않아도 잘 자라고 있었다. 미나리 향기는 우리의 발목을 붙들고, 너무 많은 '성공'의 블록들을 그 위에 올려놓을 필요가 없다며 우리를 잠시 꿈꾸게 만들어 주었다.

3. 할머니가 좋은 자리를 찾으셨어

사람과 사람의 마음과 마음 사이

폭설을 내려주시어

들어갈 수 없는 길을 알게 하소서.

한 토막의 슬픔으로

무너진 사람이

혼자 걷는 눈길을

사랑이라고 말하게 하소서.

-정현우, 「겨울의 젠가」 부분[3]

〈미나리〉는 감독의 슬픈 기억을 담고 있는 영화다. 중후반부에 순자는 중풍으로 쓰러지고, 이후 그녀의 실수로 제이콥의 창고가 불탄다. 사고 직전에 모니카는 어머니의 병 때문에 조급해져 있었고, 제이콥은 실패를 거듭하다가 겨우 괜찮은 거래처를 찾았던 터라 다른 곳에 눈 돌릴 겨를이 없었다. 화재 사건은 마치 그들 부부의 갈등이

---

3   정현우, 『나는 천사에게 말을 배웠지』, 창비, 2021, 31쪽.

아이러니스트, 영화관에 가다

걷잡을 수 없는 지경에 이르렀을 때 내면에서 터져 나온 불길처럼 보이기까지 했다. 거기서 그들의 희망은 또다시 무너져내렸다. 하지만 불길 속에서 제이콥과 모니카는 서로를 애타게 찾고, 할머니를 멀리하던 앤은 정신을 잃고 엉뚱한 길로 들어서려는 할머니를 큰 소리로 부르며 그녀를 집으로 데려간다.

정현우 시인은 '무너짐'에 대해 이야기한 적 있다. 그는 「겨울의 젠가」에서 "사람과 사람의 마음 사이"에 "폭설"이 내려 우리가 서로 '단절'되기를 기도했다. 하지만 그 단절로 "무너진 사람이 혼자 걷는 눈길을 사랑이라고 말하게" 해달라는 기도를 거기에 덧붙였다. 이때 폭설은 『창세기』에서 바벨탑을 무너뜨린 신의 분노의 힘과 같다. 인간이 세운 탑은 위태로웠고, 그 높이는 그들을 불안하게 만들 뿐이었다. 제이콥이 미국에서의 첫 성공을 눈앞에 두었을 때, 모니카의 심정이 그랬을 것이다. 그가 장모님과 데이빗의 건강에 신경 쓰지 않는 건 아니었지만, 제이콥이 아들의 건강 상태가 좋아졌다는 소식보다 농작물 거래가 성사되었다는 소식에 더 기뻐하자 모니카는 그에게 분노를 터뜨릴 수밖에 없었다. 불안이 최고조에 달했을 때 모니카는 그들이 쌓은 '생활'이라는 탑이 무너지길 기도했을 것이다. 그 기도에는 분노가 담겨 있지만, 사랑이 담겨 있기도 했다. 사람과 사람을 이어주는 길은 그 사이에 놓인 바벨탑이 무너져야만 드러나고, 그것이 무너지기 전까지 우리는 탑의 높이와 견고함에 우리의 삶 전체를 의지할 것이기 때문이다. 농작물 창고가 무너지자 그들의 '사랑'이 드러난다. 창고에서 서로를 애타게 찾던 그들은 농작물을 잃은 대신 서로를 걱정하는 마음을 되찾고, 집으로 돌아와 허리를 껴안은 채 잠든다. 그리고 며칠 뒤 그들은 자연스럽게 새로운 시작을 준비하고, 제이콥은 데이빗의 안내로 냇가에 가 장모님이 심어놓은 미나리를 발견하고는 "할머니가 좋은 자리를 찾으셨구나"하고 감탄한다.

잘 무너졌을 때 그들은 '비옥한 땅' 너머의 미나리 밭을 품을 수 있었다. 한 인터뷰[4]에서 제이콥의 실제 모델인 정한길 씨(정이삭 감독의 아버지)는 "윤여정 배우의 오스카 여우조연상 수상은 단순히 한국인의 기쁨일 뿐만 아니라, 수많은 문화가 마주하는 유니언 스테이션의 역사이자 할리우드의 역사라고 할 수 있다. 이민자의 언어와 이야기가 또 다른 이민자들에게 전달되며 커다란 공감을 불러일으킨 특별한 사건이기 때문이다"라고 언급한 적 있다. 잊힌 기억이 잊힌 이들에게 닿는 순간. 기억의 탑에서 빼낸 텅 빈 블록들이 서로를 연결하는 징검다리가 되는 순간. 이것이 영화가 사람과 사람을 잇는 여러 가지 방식 중 하나일 것이다. 지금 우리의 '역사'를 무너뜨리고 그 위에 징검다리를 놓을 필요는 없을 것이다. 하지만 내 마음속의

---

4   김준철, 「아카데미 시상식이 열리는 미국 현지에서 영화 〈미나리〉의 실제 주인공을 만나다-John Park&정한길 인터뷰」, 《쿨투라》 2021년 7월호(통권 85호), 39쪽.

텅 빈 블록을 우연히 발견하게 되었을 때, 그것을 새것으로 교체해야 할 필요가 없다는 사실을 누군가의 이야기를 통해 가끔 확인한다면 내 기억의 탑은 조금 더 아늑한 곳이 될 수 있을지도 모른다.

텅 빈 기도에 닿기까지

〈매스Mass〉(프란 크랜즈, 2021)

1. 우리를 불러내는 사건들

어떤 죽음들은 우리를 한 자리로 모이게 한다. 세월호 사건과 용산 참사 같은 큰 사건뿐만 아니라 정인이 사건, 한강 의대생 사망 사건 등 많은 죽음이 우리를 어떤 자리로 불러모으곤 했다. 그것은 그 사건들이 마치 웜홀처럼 우리를 끌어당기기 때문이다. 우리는 자신의 일상을 매끄럽고 잔잔한 수면처럼 느끼지만, 그것이 얼마든지 갑작스럽게 출렁일 수 있다는 사실을 그런 사건들을 통해 깨닫게 된다는 것이다.

많은 사건들이 우리를 멈춰 세웠다. 특히 사회적 파장을 불러일으킬 만큼 에너지가 큰 사건은 어떤 한 가지 구체적인 원인으로만 설명될 수 없는 수많은 '그림자들'을 안고 있었다. 사회는 그 사건의 원인을 정해 놓은 뒤 그것과 관계된 해결책을 찾기 위해 법을 만들고 제도를 정비해왔다. 하지만 그 사건과 관계된 '그림자들', 즉 그 사건의 당사자만 알 수 있는 어떤 요소들은 법과 제도 같은 것들의 바깥에 머물 수밖에 없었다.

그렇게 해소되지 못한 '그림자'는 계속 공명하며 우리를 그 앞으로 모이게 했다. 하지만 우리는 그 울림의 겉면만을 느낄 수 있을 뿐이며, 그 심연의 고통은 사건의 당사자만 느낄 수 있었다. 그래서 우리 중 일부는 당사자들에게 사건의 진실에 대해 알려 달라고 끊임없이 요구하거나, 혹은 그들의 서사를 자의적으로 재구성해 그들을 '피해자'와 '가해자'로 명확하게 분리했다. 즉, 사건을 통해 전해지는 불안한 공명을 지워내기 위해 우리 중 일부는 당사자들 사이의 복잡한 맥락들을 지우고 그저 '선'과 '악'을 가려내는 일에만 몰두했다는 것이다.

이렇게 반복되는 '심판'의 과정에 대해 누군가는 문제를 제기해야만 했다. 왜냐하면 그것은 사건과 관계된 어떤 '그림자'도 지우지 못했으며, 그로 인해 하나의 사건은 또 다른 사건의 씨앗이 되기도 했기 때문이다. 영화 〈매스〉의 감독 프란 크랜즈의 경우에는 미국에서 끊임없이 반복되고 있는 총기 사고와 관련해 이런 답답함을 느끼게 되었다. 이 영화에서는 사고의 '그림자'를 떠맡아야 하는 남겨진 이들의 막막함이 주로 다뤄진다. 그들이 느껴야 했던 감정들이 어떻게 사회의 바깥으로 밀려났는지에 대해 감독은 당사자들의 입을 통해 서술해나간다. 그리고 총기 사고를 벌인 아이와 그로 인해 목숨을 잃은 아이의 부모들이 만난 그 시간에 대해, 감독은 '매스(Mass, 기독교의 예배 혹은 미사)'라는 이름을 붙인다. 그리고 그 과정을 '기도'의 형식으로 재현해낸다. 왜냐하면 이들은 사건과 관련해 모두 '피해자'일 뿐이며, 재판을 통해서는 이뤄질 수 없는 화해와 치유가 여기서 이뤄지기를 감독이 바랐기 때문이다. 이는 단순히 하나의 사건과 관계된 이들이 이야기일 뿐만 아니라, 끊임없이 발생하는 사회적 사건들에 대한 사회적 해석들을 우리가 어떻게 받아들여야 할지에 대한 고민의 서사라고 볼 수 있다.

2. 치울 수 없는 탁자

한 교회의 회견실에 교회 직원들이 탁자를 옮겨 놓는다. 그것은 마치 예배실의 제대처럼, 십자가상이 굽어보는 위치에 놓인다. 목사가 교회의 설립자가 아니라 '감독'의 역할만 맡는 이 교회에서, '용서 프로젝트(The Forgiveness Project)[5]'는 가장 중요한 연중행사라고 할 수

---

5   범죄와 폭력의 피해자와 가해자가 만나 대화를 통해 서로를 이해하고 용서할 수 있도록
돕게 하는 미국의 프로젝트.

있다. 이 사업을 통해 교회는 자신들이 사회적으로 의미 있는 역할을 하고 있다는 것을 시민들에게 보여줄 수 있기 때문이다. 그래서 용서 프로젝트가 진행되는 이 공간에는 교회의 모든 에너지가 집중된다.

특별히 이 행사를 위해 만들어진 공간이 아님에도 불구하고, 용서 프로젝트가 진행되는 기간에는 교회의 다른 일들(찬송가 연습, 신자들의 소모임 등)이 상당 부분 제한된다. 목사는 스포츠팀 감독처럼 프로젝트를 방해하는 모든 요소들을 제거하고, 방 안을 구성하는 모든 것들을 세심하게 통제한다. 탁자와 의자의 위치를 변경하고, 간식과 물의 위치를 점검하며 프로젝트 참가자들의 '화해'라는 결과를 도출해 내고자 한다. 거기서 참가자들은 '피해자 부모'와 '가해자 부모'라는 특정한 '역할'을 갖고 이 공간에 들어설 수밖에 없다. 그들은 화해를 위해 자신의 말과 감정을 '준비'해 가야 한다는 것이다.

그러나 모든 것들이 하나의 결론을 위해 '만들어지는' 서사의 사이사이에 감독은 '빈 공간'들을 찍은 장면을 배치한다. 교회 바깥의 숲과 뜰, 사람들이 아직 들어오지 않은 회견실, 총기 사고가 일어난 학교 앞의 공터와 같은 곳을 의도적으로 비춰준다.

영화의 초중반부에서는 이것을 왜 보여주는지 관객이 이해하기 어렵다. 하지만 영화가 진행되면서 이 공터의 의미를 관객들은 자연스럽게 알 수 있게 된다. 이 영화는 '채워진 공간'과 '빈 공간'의 대립

(물리적일 뿐만 아니라 심리적인 공간. 그리고 대화)으로 이뤄져 있으며, 우리가 어떻게 공간을 '비워 낼 수 있는가'에 초점이 맞춰져 있기 때문이다.

회견실에 제이와 게일(총기 사고의 희생자 에번의 부모)이 먼저 도착하고, 이내 리처드와 린다(총기 사고를 일으킨 헤이든의 부모)가 도착한다. 네 명이 탁자 앞에 앉았을 때 린다가 게일에게 건네는 꽃바구니는 '화해'라는 그들의 목적을 상기시킨다. 하지만 그것은 린다 앞에 놓였다가, 탁자 한가운데에 놓였다가, 결국 탁자 바깥으로 치워진다. 그들이 최대한 노력할 것임에도 불구하고 자신들의 '역할'을 쉽게 받아들이기 어려울 것이라는 점을 이 장면이 보여준다.

그럼에도 불구하고 그들은 자신들 앞에 놓인 딱딱한 탁자 같은 '화해'에 모든 것을 의지하려고 한다. 왜냐하면 그들은 사건 앞에서 많은 것들을 해보았지만 아무런 결론도 얻어낼 수 없었고, 사건과 관계된 부정적인 결과들 속에서 계속 고통을 받아왔기 때문이다. 게일은 리처드-린다 부부가 도착하기 전에 탁자를 보며 "예수님이 지켜보고 있네"라고 아내에게 말했었다. 그것은 그 자리가 신성하다는 의미가 아니다. 그저 자신의 무력감에 대한 표현일 뿐이다. 그들은 자신이 해석할 수 없는 고통에 대해 신이 답을 내려주기를 간절히 소망하고 있었다. 이것은 리처드-린다 부부에게도 마찬가지였으

아이러니스트, 영화관에 가다

며, 그렇기 때문에 그들의 만남은 '기도'의 형식을 띨 수밖에 없었던 것이다.

린다와 리처드는 대화를 부드럽게 만들기 위해 애쓰고, 게일의 남편 제이 역시 사건과 관계된 답을 찾아 나가기 위해 대화가 원만하게 이어지도록 노력한다. 하지만 양쪽에서 느끼는 고통의 원인에 대해 서로가 다르게 생각하고 있으므로(심지어는 부부끼리도 그 고통의 원인이나 크기에 대해 다르게 생각하고 다르게 느낀다), 그들의 대화는 계속 위태롭게 이어진다. 그들은 용서 프로젝트를 통해 치유되기를 원하지만, 사건의 중심에 있었던 아이들에 대해 서로 다른 의견을 가질 수밖에 없었으므로 서로 간의 심리적 거리는 계속 멀어지기만 한다.

그들 모두를 숨 막히게 하는 대화를 참을 수 없던 제이는 탁자로 가서 물을 들이켠다. 이 장면 이후 카메라는 핸드헬드 촬영 방식으로 인물들을 잡아낸다. 위에서 아래로 향하는 카메라는 끊임없이 흔들린다. 마치 배에서 창문을 통해 바다를 바라볼 때처럼, 흔들리는 대화는 관객에게 멀미를 일으킬 정도다. 위태롭게 흔들리던 대화는 '아들의 죽음'이라는 현실에 대해 다른 답을 찾지 못한 페리가 무력감을 느끼며 울먹일 때 플래시백 화면으로 전환된다. 사고가 일어난 학교 너머의 빈 들판과 자신들 사이를 가로막은 철조망에 매달린 붉은 리본. 바람에 흔들리던 리본이 잠시 나타난 뒤 다시 화면은 제이가 아들의 죽음에 관해 무언가 말하는 장면으로 전환되지만, 그의 참을 수 없는 슬픔과 고통은 또다시 막다른 곳으로 치닫는다.

이후 카메라는 다시 철조망에 매달린 붉은 리본을 회상하는 장면으로 전환되는데, 이때 리본은 바람에 흔들리지 않고 거의 멈춰 있는 것처럼 나타난다. 즉, 그의 슬픔은 회견실 안에 흐르고 있는 시간 (물리적 현실)과는 다른 곳에 위치해 있으며, 그것은 그를 둘러싼 시공간을 모두 '바깥'으로 밀어낼 만큼 강한 에너지를 지니고 있다는 것이다. 우리가 '피해자'와 '가해자'로 지칭한 이들 사이에 놓인 해석되지 않는 감정들은 이처럼 현실의 수면 아래 잠재해 있지만, 그 현실이 그들의 감정을 잘 설명해주지 못하면 어느 순간 수면을 뚫고 솟구쳐 모든 것을 흔들어 놓을 수 있다는 것이다.

이렇게 화면을 가득 채운 제이의 감정에 의해 회견실 안에 있는 네 명의 심리적 위치는 무너진다. 용서 프로젝트에 참석하기 전에 주어진 역할들이 무너지고, 그들은 좀 더 자신의 '진심'에 가까운 것들을 이야기하기 시작한다. 언뜻 위태로워 보이는 그들의 대화는, 서로의 위치를 뒤섞고 무너뜨리며 이전과는 다른 방식으로 서로를 이해하는 과정으로 변모한다. 그렇게 그들은 '탁자 앞'에서와는 다른 것들을 이야기해나가기 시작한다.

아이러니스트, 영화관에 가다

3. 치워진 탁자

제이가 슬픔을 표출하는 장면 이후 영화의 화면 비율은 좁아진다. 즉 두 부부 사이에서 한없이 넓었던 공간이 좁혀지며, 그들이 이전 보다는 훨씬 더 서로를 이해하게 되었음을 영화가 보여주고 있다는 것이다. 탁자에서 조금 떨어진 곳에 놓인 의자에 게일이 앉고, 그 옆 으로 의자를 들고 가 앉은 제이가 그녀의 손을 붙잡아준다. 탁자 앞 의 리처드-린다 부부와 제이-게일 부부 사이의 공간은 앞선 장면보 다 좀 더 멀어진 것처럼 보이지만, 오히려 심리적 거리는 화면 비율 로 인해 줄어든 것처럼 느껴진다.

　게일은 리처드-린다 부부에게 "나는 그저, (비극적인 상태로 정체 된 현실을) 바꾸고 싶었을 뿐입니다"라고 고백한다. 그녀는 아들의 죽음을 해석해내는 과정을 통해 자신 앞에 놓인 삶을 어떻게든 바꿔 나가야 했다. 사건의 조각들을 이리저리 끼워 맞추는 동안 자신의 삶이 엉뚱하게 조립되거나 맞지 않는 모서리들끼리 닿아 부서진다 고 해도, 그녀는 퍼즐 맞추기를 멈출 수가 없었다. 아들의 죽음이라 는 '구멍'으로 그들을 지켜보는 타인들의 목소리와 시선이 끊임없이 흘러나왔기 때문에, 그녀는 계속 퍼즐들을 통해 그 구멍을 막아야 했던 것이다. 린다는 그런 게일에게 "왜 그것(당신의 현실)이 바뀌어 야만 한다고 생각해요?"라고 물어본 뒤, 곧 "이제 당신의 아들을 놓아주세요"라고 덧붙인다. 게일이 아들의 죽음에 대한 '책임'이라고 생각했던 것들은 실은 아들의 죽음과는 아무런 상관이 없으며, 그것은 그 죽음이라는 사실을 받아들이기 어려운 게일이 스스로 상상해 낸 '타인의 시선'이라는 억압이었을 뿐이기 때문이다. 린다 역시 그 '책임'에 시달리고 있었으므로 누구보다 그것의 본질에 대해 잘 알고 있을 수밖에 없었다. 자신은 아들의 결함을 잘 알고 모든 방법을 동원해 봤지만 소용이 없었고, 사건 이후에도 속죄의 방법에 대해 깊이 생각해봤지만 스스로 목숨을 끊은 아들의 마음속 심연을 해석할 방법이 없었으므로 그저 밑도 끝도 없는 '책임'에 묶여 살아야만 했던 것이다.

게일은 마침내 자신에게 위로의 말을 건네는 린다에게 "난 당신들을 용서할 거예요. 왜냐하면 나는 더 이상 이렇게 계속 살아갈 수는 없으니까요"라고 흐느끼며 이야기한다. 제이는 그런 아내의 손을 잡아주고, 침묵의 햇살이 게일의 얼굴을 감싼다. 그 침묵에 이끌린 듯 린다는 "이 침묵의 기도가 우리에게 가장 필요한 무언가인 것 같아요"라고 고백한다. 그리고 린다는 남편 리처드의 손을 잡아끌어 제이-게일 부부 앞으로 의자를 들고 가 앉게 한다. 그들 사이에 머무는 침묵은 앞선 장면들에서 화면을 가득 채웠던 모든 논리와 설명과 격한 감정들을 모두 지워낸다. 탁자가 치워진 그 순간에 그들은 비로소 서로 '무력함'이라는 위치에서 만날 수 있게 된 것이다. 타인에 의해 멋대로 해석된 사건 속에 계속 얼룩으로 남아 있던 당사자들의 그림자 같은 현실들, 자식들의 진실에 대해 알 수 없었지만 어떻게 든 그것을 해석해야만 했기에 계속 의식할 수밖에 없었던 '의무'나 '책임'들. 그것들은 그들이 '자유'를 원했기 때문에 간절한 기도로 소환해낸 '침묵' 속에서 조금씩 사라질 수 있었다. 그러한 침묵(혹은 기도)이 영원히 지속될 수는 없겠지만, 그들이 서로에게, 그리고 자기 자신에게 아무것도 바라지 않는 한 얼마간은 이어질 수 있을 것이었다.

영화의 마지막 장면에서, 예배실로부터 아래층 회견실 쪽으로 서 툰 찬송가와 반주 소리가 흘러든다. 두 공간 사이를 막아선 문이 열 린 뒤에야 선율은 (용서 프로젝트가 끝나고 잠시 교회에 남아 있던) 제이-게일 부부에게 전해진 것이다. 찬송가는 부부의 가슴 속에서 아름다운 합창으로 변하고, 두 사람은 눈물을 흘리며 서로를 껴안 는다. 그리고 그 장면에 이어 해가 저물고 있는 학교 앞 공터와 철조 망이 등장하고, 운동장 주변에 설치된 대형 조명이 철컥하고 켜지 는 장면이 나타난다. 그것이 미식축구를 좋아했던 아들 에번의 화 답인지, 아니면 그들의 기도를 들은 신의 화답인지, 혹은 그저 정해 진 시간에 맞춰 기계가 자동적으로 작동한 것일 뿐인지는 알 수 없 다. 하지만 분명한 것은, 그때 철조망에 매달린 붉은 리본이 자연스 럽게 흩날리고 있었고, 교회의 시간도 멈춰 있지 않았으며, '피해자'

라는 역할에서 벗어난 제이-게일 부부가 편안하게 눈물을 흘릴 수 있었다는 사실이다. 이렇게 영화는 하나의 사건을 여러 겹으로 속박한 사회적 시선들을 벗겨내고, 그 안에서 계속 짙어지고 있던 '남겨진 사람들'의 감정을 꺼내 그것들에게 말을 걸고 위로한다. 그 과정을 통해 우리는 어렵게 '비어 있는 대화', '텅 빈 기도'에 닿게 된다.

4. 질문에 대한 질문

〈매스〉는 하나의 사건에 대한 이해에 도달하기 위해 우리가 선택할 수 있는 여러 태도 중 '침묵'에 대해 이야기하고 있다. 그리고 그 침묵은 종교학자 정진홍이 『지성적 공간 안에서의 종교』에서 이야기한 '비어 있음'의 사유[6]를 떠올리게 한다. 그는 우리가 '예상하지 못한 사태'와 직면했을 때, 자신이 알고 있는 상식이 더 이상 앎으로 기능하지 않는다는 사실을 포기할 수 없기 때문에 '자명성의 좌초'에 이르게 된다고 언급한다. 이때 '비어 있음'의 사유는 우리가 상식의 불완전성을 인정하게 하고, 새로운 앎을 터득하기 위해 불가피하게 기존의 '상식' 곧 자명한 앎을 대가로 지불하지 않으면 안 된다는 사실을 깨닫게 한다고 그는 덧붙인다. 우리는 삶의 이해할 수 없는 순간

---

6   정진홍, 『지성적 공간 안에서의 종교』, 세창출판사, 2015, 20쪽.

들에 대해 여러 가지 방식으로 질문하곤 한다. 그러나 그 질문이 내 마음 깊은 곳의 '진짜 질문'들과도 연결된 것인지에 대해 우리는 한 번쯤 질문해보아야 한다. 무엇인가로 가득 찬 질문은 우리가 정말로 알고 싶어 하는 것과는 관계없는 경우가 많기 때문이다. 오늘 저녁에도 시사 버라이어티 프로그램에서, 그리고 포털 사이트에서 우리를 대신해 많은 이들이 사회적 사건들에 대해 질문하고 있다. 그것들을 그대로 따라가기 전에, 그것의 '비어 있음'에 대해 생각하며 잠시 침묵의 시간을 갖는 것도 좋을 것이다. 그런 과정을 통해 우리는 비로소 우리 마음속에 드리워진 '그림자'들을 지워 나갈 수 있을 것이기 때문이다.

'장소'와 '공간' 사이에서 눈 뜨다

〈복지식당〉(정재익·서태수, 2022)

우리는 지금 자신이 서 있는 곳이 어떤 장소인지 안다. 그곳에는 각각 사용자의 용도에 맞는 명칭이 붙어 있기 때문이다. 지하철역, 학교, 도서관을 사용할 수 있는 특정한 주체로 호명된 우리는 자신에게 부여된 역할을 수행하는 과정에서 자신이 머무는 장소의 의미를 깨닫고 그곳이 제공하는 편안함을 누릴 수 있게 된다. 거기서 우리는 조금 단순하고 수동적인 방식으로라도 '나는 누구인가'라는 내면의 물음에 대한 답을 얻을 수 있게 된다. 그러나 사회로부터 호명되지 않았거나 거부된 이들에게도 각각 장소들은 의미를 가질 수 있을까? 도시에서 '이동권이 거부된' 장애인들은 자신이 누구인지, 그리고 자신이 서 있는 장소의 의미가 무엇인지 설명할 수 있을까?

지리학자인 이-푸 투안은 『공간과 장소』에서 인간의 '장소'와 '공간'의 의미에 대해 언급했다.[7] 그는 장소란 '이동 중 정지'하는 곳이라고 했다. 인간이 어떤 장소에 정주(定住)하는 이유는 그곳이 바로 허기, 갈증, 휴식, 출산 같은 생물학적 욕구를 충족시킬 수 있는 곳이기 때문이다. 인간은 그곳을 가치의 중심지로 만든다. 하지만 그곳에서는 과밀함이 발생하기 쉽고, 대도시 거주자들은 그 과밀함으로 인해 불편을 넘어 불안감을 느끼기도 한다. 과밀한 곳에서는 개인의 활동이 외부로 노출되어 자신이 관찰되고 있다고 느낄 수 있기 때문이다. 하지만 도시에서 권력을 가진 이들은 개인 소유지의 확보를 통해 과밀함에서 벗어나려고 하고, 그 과정에서 권력이 없는 이들의 장소를 빼앗기도 한다. 도시에서 밀려난 이들은 가치의 중심지에서 벗어난 곳, 즉 이-푸 투안이 '공간'이라고 명명한 낯선 곳으로 밀려나게 된다. 이곳은 위험에 노출되어 있고 생물학적 욕구를 충족시키기 어렵다. 하지만 그곳에 들어서게 된 이들은 '장소'가 개별 주체들에게 부여한 의미에서 해방되고, '나는 누구인가'라는 내면의 물음에 대한 수동적인 답이 아니라 능동적인 답을 찾게 된다. '사유'가 아니라 '생존'을 위해서 말이다.

지금 도시에서 이동권이 확보되지 않은 장애인들은 이러한 '공간'으로 내몰린 것일지도 모르겠다. 쫓겨난 그들은 의도치 않게 '장소'

---

7   이-푸 투안, 『공간과 장소』, 윤영호·김미선 옮김, 사이, 2020, 13~21쪽.

의 안전함 뒤에 숨겨진 도시의 허구성과 법 집행의 주체로서의 국가가 가진 불완전성을 바라보는 위치인 '공간'에 서게 되었기 때문이다. 영화 〈복지식당〉의 영문 제목이 '깨어났다(Awoke)'인 이유는 바로 그 때문일 것이다.

교통사고를 당해 걷지 못하는 장애인이 된 주인공 '강재기'는 장애인 복지 제도의 허점과 장애인에 대한 사회 관계망에서의 냉소로 인해 끊임없이 장소의 바깥으로 밀려난다. 도시의 불완전성은 그가 사고를 당하기 전에도 상존하고 있던 것이었으나, 그는 사고를 당한 뒤 '깨어남'이라는 과정을 거치며 비로소 그 불완전성과 직면하게 된 것이다. 영화는 그런 그가 휠체어를 타고 장소의 변두리를 질주하며 도시를 '고발'하는 과정을 그려내고 있다. 그러나 앞서 언급했던 것처럼 그것은 실존을 향한 비범한 움직임이 아니라, '복지 서비스'라는 사회 안전망으로 들어가기 위한 과정일 뿐이다. 신과의 싸움에서 이기고 고향에 돌아가는 오디세이아적인 신화 서사가 아니라, 가장 보편적인 삶의 형태마저도 보장하지 않는 사회에서 전동 휠체어로 '달리는' 것밖에 할 수 없는 이의 소박한 노력을 이 영화가 다루고 있다는 것이다. 그러므로 이 영화를 '제도'와 '제도 바깥'의 사이에서 자신의 보금자리를 찾기 위해 힘겹게 앞으로 나아가려는 휠체어 장애인 강재기의 '(집으로의) 귀환 불가능성'을 담아낸, 일종의 로드무비적 성격을 가진 영화로 볼 수도 있을 것 같다.

이 영화는 그래서 강재기에게 '장소'의 역할을 하는 '사회 복지 시스템'과 '공간'의 역할을 하는 '장애인 커뮤니티'가 '도달할 수 없는 목적지'임을 설명하는 과정을 핵심 서사로 다루고 있다. 그리고 로드무비의 클리셰라고 할 수 있는 '동반자'와 '안타고니스트'의 역할을 '고병호'라는 한 인물이 맡고 있다는 점은 흥미롭다.

30대 중반 정도의 나이에 교통사고를 당해 혼자 거동하기 어려울 정도의 장애인이 된 강재기에게는 2살 연상의 친누나(강은주)가 있다. 보통의 로드무비 서사라면 이 누나가 조력자 역할을 하며 강재기를 '보편적 복지 시스템'이라는 목적지로 안내하겠지만, 그녀 역시 홀로 초등학생 아이를 키우며 근근이 먹고사는(그리고 동생이 고모에게 유산으로 물려받은 집에서 살며 동생의 도움을 받는) 형편이라 강재기의 여정을 도울 수 없다. 동생을 돕고 싶은 마음이 간절하지만, 혼자 먹여 살려야 하는 아이 때문에 그녀는 사회 안전망 바깥으로 밀려난 동생의 옆에 서 있어줄 수 없다.

중증 장애인으로서 3급 이상의 판정을 받아야 하는 강재기는 장애인 등급 판정 제도의 허술함으로 인해 5급을 받게 된다. 3급 이상을 받아야만 취직, 장애인 콜택시 이용권 등 장애인 복지 제도를 온전히 누릴 수 있지만, 그는 석연치 않은 과정으로 인해 5급 판정을 받게 된 것이다. 이러한 판정에 불복해 재심을 청구하는 과정은 '제도'에 맞서는 험난한 길이다. 또한 그것은 평범한 삶의 조건을 보장해주는 사회의 작동 원리에 귀속된 개인이 감당하기에는 너무나도 버거운 일이다. 그러므로 재기의 누나는 장소의 바깥으로 밀려난 동생과 동행할 수 없었던 것이다.

그런 재기에게 동행자로서 나타난 것이 바로 장애인 고병호다. 배우자나 자식이 없는 그는 자신이 먹여 살려야 할 가족과 동거하고 있지도 않고, 보편적인 사회 안전망의 틀에서 조금 벗어나 있기도 하다. 주 수입원을 알 수 없지만 어쨌든 먹고사는 데 불편함도 없는 그는 지역 장애인 커뮤니티의 리더 역할을 하고 있기도 하므로, 재기로서는 '장소'로서의 사회와 '(장소 바깥으로서의) 공간' 사이에 함께 머물러 있는 것 같은 병호에게서 동질감을 느꼈던 것이다. 그래서 그는 미덥지 않은 구석이 있음에도 불구하고 병호가 내민 도움의 손을 붙잡을 수밖에 없었다. '조력자'와 '안타고니스트'의 성격을 동시에 가진 이 고병호라는 캐릭터는 제도권 사회라는 '장소'와 대립하는 '공간', 즉 사회 바깥의 '장애인 커뮤니티'에 대해 감독이 가진 관점을 드러낸다. 제도의 바깥에서 함께 고통을 겪고 있는 사람들은 자연스럽게 서로 연대할 수밖에 없을 것 같지만, 생존의 조건이 척박한 그곳에서는 오히려 제도권 안에서보다 더 냉혹한 경쟁이나 폭력이 발생할 수도 있다는 것이다.

병호는 재기를 장애인 커뮤니티로 편입시켜주고, 또 그의 장애 등급을 바꿀 수 있는 유일한 과정인 장애인 등급 재심 청구 재판을 도울 법률사무소 사무장을 소개시켜준다. 하지만 감독은 병호가 처음부터 재기에게 사기를 칠 목적으로 접근했다는 사실을 관객이 읽어내기에 어렵지 않은 서사적 단서를 통해 계속 전한다. 그리고 순진한 재기 역시 병호의 속셈을 어렴풋하게나마 눈치채고 있음을 몇 가지 장면을 통해 보여주고 있기도 하다. 그럼에도 불구하고 재기에게는 다른 선택의 여지가 없다. 병호는 재기의 주변에서 유일하게 '제도'와 '바깥'의 논리에 완전하게 포섭되지 않은 자유로운 존재였고, 그 두 곳 사이에서 앞으로 나아갈 방법을 알고 있는 유일한 존재로서 길잡이 역할을 해주려고 했기 때문이다.

이런 재기와 병호의 관계를 보여주는 쇼트들이 영화 곳곳에서 나타난다. 이 영화에서 '장소'로서 표현되는 곳은 장애인 복지를 담당하는 시내의 복지 시설이나 은행 등 공공 서비스 시설이다. 이 장소에서 담당자에게 도움을 요청하는 재기나 누나의 얼굴은 선명하게 드러나는데, 얘기를 듣고 있는 담당자의 얼굴은 가려져 있거나, 뒷모습으로만 등장하는 등의 방식으로 화면 안에서 명확하게 드러나지 않는 경우가 많다. 그러나 재기와 병호가 대화하는 장면에서는 그들의 모습이 한 화면에 동등한 비율로 나타나거나, 영화 문법적으로 두 사람이 대등한 위치에서 대화할 때 쓰이는 180도 규칙을 통해 재현된다. 또한 몇몇 식사 장면에서는 독특한 화면 배치가 나타나는데, 식탁이 화면의 절반 이상을 차지하고, 재기와 병호는 마치 화면

위쪽으로 몰린 것처럼 쇼트 내에서 작게 표현된다는 것이다. 병호가 재기를 속이고 있지만, 공공장소인 식당에서 그들의 위치는 같다. 사람들의 눈에 띄지 않는 곳에서 불편한 자세로 식사를 마쳐야 하는 것이다.

이것은 재기가 자신의 집에서 누나와 함께 있을 때 두 사람을 잡아내는 쇼트와 비교된다. 누나는 재기의 집에 찾아와 그의 옆방에서 빨래를 개 주고 있지만, 재기가 머무는 방과 누나가 빨래를 개는 방은 마치 만화에서 칸이 분리된 것처럼 나누어져 있다. 서로 의지할 수 있는 유일한 혈육인데도 불구하고 두 사람은 같은 위치에서 세상을 바라볼 수 없는 것이다. 하지만 감독은 재기와 병호를 같은 화면에 같은 위치로 나란히 배열해 두 사람이 '사냥감'과 '사냥꾼'의 관계인데도 불구하고 장애인으로서 '소외'라는 사회적 현실을 공유하고 있음을 보여준다. 즉, 한국 사회에서 장애인은 법과 제도뿐만 아니라 가족으로부터도 보호받지 못하기 때문에, 장애인이 의지할 수 있는 유일한 곳은 장애인들로만 구성된 커뮤니티밖에 없다는 것이다. 그래서 재기는 병호가 자신의 곤란한 처지를 이용하고 있다는 것을 어느 정도 알고 있음에도 불구하고 그에게 의지할 수밖에 없었다는 것을 감독은 이러한 쇼트들을 통해 관객들에게 이야기하고 있다.

한편, 이 영화의 배경인 '제주도'라는 시공간은 장애인 서사에 대한 우리의 환상을 드러내고 있기도 하다. 로버트 저메키스 감독의

〈포레스트 검프〉(1994)부터 한국 드라마 〈이상한 변호사 우영우〉 (2022)까지, 장애인을 다룬 영화와 드라마는 주인공이 자신의 현실적 어려움을 극복하고 사회에 성공적으로 편입되는 과정을 아름답게 그려내는 경우가 많다. 〈복지식당〉에서 간헐적으로 나타나는 신비로운 풍광, 푸른 바다와 바람 소리 같은 것들은 관객에게 행복한 화해와 극복의 결말을 기대하게 만든다. 동생의 휠체어를 밀어주는 누나의 얼굴에는 제주도의 은은한 햇빛이 스며들어 비극적인 상황이 희망의 빛으로 덧칠되고, 전동 휠체어를 기증받은 재기가 밤에 조카와 함께 잔잔한 조명으로 빛나는 다리를 건널 때 관객은 그들이 세상으로부터 보호받을 수도 있겠다는 기대를 하게 된다. 또한 은행에서 장애인 특별 대출금을 순조롭게 받은 뒤 전동 휠체어를 타고 해변 둔치를 질주하는 재기의 뒤에 배치된 푸른 하늘빛은 우리가 장애인 영화에서 익히 봐 왔던 '희망'이라는 환상을 떠올리게 한다.

하지만 영화 속에서 이런 풍경들은 재기의 실패 서사와 끊임없이 충돌하며 관객의 환상이 향하는 길을 막는다. 가장 행복한 날에 일어나는 끔찍한 사건들처럼, 제주도의 아름다운 풍경들은 재기의 불행을 더 돋보이게 할 뿐이다. 또한 그의 처지와 아무 상관도 없이 그가 달리는 길을 향해 비춰오는 따스한 햇빛은 그에게 다가오는 비극이 자연의 우연성을 닮아있음을 깨닫게 한다. 재기를 변호사에게 소개하는 대가로 사무소로부터 리베이트를 받고, 법의 허점을 이용해 자신의 장애 등급에 어울리지 않는 복지 서비스를 받는 고병호는 우연적 환경에서 살아남기 위해 본능을 드러내는 야생동물의 생존 방식을 떠올리게 한다. 그리고 아무리 연습해도 제대로 된 곳으로 굴러가지 않는 병호의 론볼[8] 공은 그에게 일어난 사건의 우연성의 힘과 그것을 쉽게 극복하지 못하는 재기의 무력감을 떠올리게 한다.

법과 제도를 통해 '장소'가 구성된다면, '우연성'을 통해 '공간'이 구성된다. 그러므로 부조리한 현실의 장소에서 밀려나 우연성의 공간에 머물게 된 장애인의 현실을 대중서사가 희망적으로 그려내는 것은 조금 무책임한 태도일 수 있다. 동정심이나 죄책감으로 재구성된 서사는 장애인을 현실뿐만 아니라 이야기 속에서도 소외시키는 결과를 가져올 뿐이다. 〈복지식당〉에서 감독은 이러한 희망 서사를 거절하고, 우연성과 생존법칙의 잔혹함으로 구성된 '제도의 바깥'을 생생하게 그려냄으로써 지금 우리가, 그리고 우리 사회가 반성해야 할 지점들을 명확하게 지적하고 있다. 우리는 법과 제도를 통해 보호하지 못한 장애인들을 서사적인 차원에서 위로하는 게 아니라, 그들이 우연성의 공간으로 밀려나지 않도록 무너진 사회의 안전망을 적극적으로 보수해 나가야 한다는 것이다.

영화 〈복지식당〉은 '지금 자신이 서 있는 곳이 어떤 장소인지 안

---

8 공을 굴려 목적지에 최대한 가깝게 굴려 넣는 스포츠로, 한국에서는 1987년 광주 제7회 전국 장애인체육대회에서 시범경기로 도입된 뒤 국가에서 장애인 스포츠로 보급하고 있다.

다'고 생각하는 우리를 '잠들어 있는 주체'로 바라보고 있는 영화다. 영화 속에서 장애인 강재기를 대하는 '일반인'들은 자신에게 주어진 직업적 위치와 규정의 범위 내에서 그의 현실을 해석하거나 이해하려고 한다. 영화의 등장인물들이 대부분 재기의 상태를 보는 즉시 그가 중증 장애인이라고 생각하지만, 이내 그가 사회 복지 제도를 통해 부여받은 '5등급'이라는 등급표를 통해 그에게 '적합한' 방식의 커뮤니케이션 방식과 태도를 선택해 그에 따라 행동한다. 분명 우리는 세계를 있는 그대로 이해할 수 있는 눈을 가지고 있음에도 불구하고, 우리의 위치가 부여하는 역할 때문에 스스로 눈을 감아 버리고 만다는 것이다. 영화는 이러한 '장소의 질서'가 그 구성원들을 어떻게 소외시키는지, 특히 제도의 허점이나 사회적 선입견 등을 통해 사회의 구성원 중 하나인 장애인이 어떤 고통을 받고 있는지에 대해 명확하게 다루고 있다.

　신체적 장애를 갖고 있지 않은 이들 중 많은 사람들이 장애인에 대한 복지 서비스와 그들을 위해 사용되는 예산의 범위가 지나치게 많다고 주장한다. 그러나 그들은 제한적인 이동권과 직업 선택권, 사회적 냉소 등으로 인해 고립된 장애인의 현실을 그저 통계 수치나 신문 기사 등으로만 이해하려고 한다. 하지만 영화에서 '5등급'이라는 장애 등급이 주인공 강재기에 대해 아무것도 설명해주지 못했던 것처럼, 장애인에 대한 한국 사회의 복지 제도는 그들의 삶의 고통에 대해 거의 아무것도 이해하지 못하고 있다. 장애인뿐만 아니라 노인, 저소득 계층 등 사회적 약자들에 대한 많은 이해와 해석의 방식이 그와 비슷한 방식으로 이뤄지고 있다. 그래서 이 영화는 한 사람의 장애인에 대한 이야기일 뿐 아니라, 우리 사회가 바라보지 못하고 있는 많은 지점들에 대한 이야기라고 할 수 있겠다.

우리의 사회 제도가 만들어 낸 환상 속에서 눈을 감고 있는 것은 쉬운 일이다. 하지만 눈을 뜨고 우리 사회의 어두운 곳을 바라보는 일은 쉽지 않다. 그것은 신체적 장애를 갖지 않은 한 사람이 불운한 사고를 통해 일상 바깥으로 내몰렸을 때에야 겨우 바라보게 된 지점이며, 사회의 법과 제도가 자신의 역량 부족을 드러내지 않기 위해 애써서 은폐하고 있는 지점이기 때문이다. 그러므로 'Awoke'라는 이 영화의 영문 제목은 우리에게 과거형 동사가 아니라 명령형 동사 'Awake'로 다가와야 한다. 우리는 이제 더 이상 통계와 수치 앞에서 눈 감으며 사회적 비극으로부터 멀리 떨어지려 해서는 안 된다.

반지성주의 시대의 영화적 캐릭터

〈드롭아웃The Dropout〉(마이클 쇼월터·프란체스카 그레고리니·에리카 왓슨, 2022)
〈하우스 오브 구찌House of Gucci〉(리들리 스콧, 2021)

1. 새로운 '액화'의 시대

지그문트 바우만은 "근대는 인간의 자유를 억압하는 경직된 체제를 녹이는 '액화'의 과정"[9]이라고 했다. 그러나 그 액화는 "우리가 순응하고 안정적 지향점으로 선택할 수 있는, 그리하여 우리 자신을 인도해줄 수 있는 행동 유형들과 규약들"을 만들기 위한 과정이어야 한다고 덧붙인다. 지난 시대에 우리는 역동적인 움직임들을 통해 낡은 제도들을 녹이고 합리적인 법과 규칙들을 만들어 나갈 수 있었다. 하지만 현대의 유동성을 집약한 도구인 '자본'은 지금 인류가 통

---

9   지그문트 바우만, 『액체 근대』, 이일수 옮김, 도서출판 강, 2009, 9쪽.

제할 수 없는 위력으로 이 세계에 속한 모든 삶의 방식들을 녹이고 흡수하고 있다.

우리는 기존의 관념들이 녹아 없어진 자리 위에 안정적인 지향점이 될 새로운 체제나 관점을 세우지 못하고 있다. 심지어 어떤 이들은 과거에 폐기되었다고 믿었던 국가주의나 인종주의와 같은 낡은 관념들을 덧입고 흘러드는 자본의 방식을 '대안적 관점'으로 채택하고 있기도 하다. 인류의 보편적 가치들을 보호했던 정치 집단들(미국 민주당, 서방 세계 등)이 지난 몇 년간 전 지구적 재난 앞에서 무기력했고, 중국과 러시아의 패권주의적 행보를 막아 세우지도 못했기 때문에 시민들로부터 외면당하고 있다. 그리고 더 근본적인 문제는 '문화 좌파'의 정치적 무능함, 즉 도덕적 가치들을 앞세워 사회를 바꾸려고 했지만 경제적 불평등과 불안정의 문제를 해결할 수 없었다는 것이다.[10] 그들이 자신에게 표를 줄 것이라고 예상되는 '중심(중도층)'에만 주목하는 동안 저소득 노동자들은 어떤 법적·정치적 제도를 통해서도 보호받지 못했다. 진보적 정치 세력이 오랜 기간 무능함을 드러낼 때 자본은 '엘리트 좌파들의 도덕주의에 속지 말라'고 하는 메시지로 경제적 하위 계층의 소외감을 자극하는 데 성공했다. 이러한 실패의 과정은 미국식 자본주의를 받아들인 많은 국가에

---

10 리처드 로티, 『미국만들기』, 임옥희 옮김, 동문선, 2003, 93~128쪽.

　　　　　　　　　　　아이러니스트, 영화관에 가다

서 비슷하게 진행되었다.[11] 이제 우리 중 일부는 금기에 얽매이지 않고 우리의 보편성을 무너뜨리는 것에 대해 예전처럼 죄책감을 느끼지 않는다. 그것이 자유의 경색을 해소하기 위한 새로운 '액화'의 과정이기 때문이다.

이러한 반지성주의 시대에 영화는 어떤 인물들에 주목할까. 이 글에서 소개할 캐릭터는 모두 실존인물이고, 도덕성과는 거리가 먼 인물들이며, 단지 '실패'라는 말로 전부 설명할 수 없는 방식으로 실패하고 있다. 〈드롭아웃〉(마이클 쇼월터·프란체스카 그레고리니·에리카 왓슨, 2022)의 엘리자베스 홈즈, 〈하우스 오브 구찌〉(리들리 스콧, 2021)의 구찌가 사람들은 우리가 보편적 가치라고 믿었던 여러 규칙과 제도들의 균열 지점에 서 있었던 인물들이다. 우리가 실패한 지점에서 '대안'이 되었던 그들. 단순히 '악당'이라고 규정할 수 없기에 흥미롭게 보이기까지 한 인물들에 대해 이야기하다 보면 우리가 '반지성주의'라고 부르는 현상을 좀 더 구체적으로 이해할 수도 있지 않을까 생각한다.

---

11   토마 피케티는 냉전시대 이후 많은 국가에서 고착화되어간 양당체제를 '브라만 좌파'와 '상인 우파'의 체제로 명명하며, 여기에는 근본적으로 노동자·서민의 언어가 끼어들 수 없음을 설명한다. 토마 피케티, 『자본과 이데올로기』, 안준범 옮김, 문학동네, 2020, 864~916쪽.

2. 질문에 대한 질문
- 〈드롭아웃〉(마이클 쇼월터·프란체스카 그레고리니·에리카 왓슨, 2022)

혁신이 필요한 사회에서는 항상 '질문자'를 찾곤 했다. 그리고 그들은 우리 모두를 대신해 사회의 리더와 그 구성원들을 향해 '우리에게 부족한 것은 무엇인가'라고 질문했다. 모든 질문자가 그렇지는 않겠지만, 간혹 자신이 질문받지 않기 위해 질문자의 위치에 서는 이들도 많았다. 그리고 그들은 현재 우리가 처한 문제의 원인을 적극적으로 찾아내는 것처럼 보이기 때문에 대중의 지지를 받기도 했다. 드라마 시리즈 〈드롭아웃〉의 주인공이자 미국의 메디컬 스타트업 기업인 테라노스(Theranos)의 CEO였던 실존인물 엘리자베스 홈즈 역시 그런 질문자가 되고 싶었던 것으로 보인다.

'여자 스티브 잡스'로 불린 그녀는 혁신과 창의성을 상징하는 대중적 스타였었다. 극소량의 혈액으로 250여 종의 질병을 진단할 수 있다는 의학 키트 '에디슨'을 개발했다고 홈즈가 공표했던 때는 2014년으로, 오바마 정부 2기의 임기 2년 되는 해에 치러진 중간선거가 있던 시기이기도 했다. 이 선거에서 야당인 공화당이 민주당을 상대로 압승을 거두고, 오바마 정부의 레임덕이 본격적으로 시작되었다. 그때 혁신의 동력이 없었던 민주당에서는 과거의 방식에 대해 '질문'할 수 있는 사람이 필요했을 것이다. 그래서 오바마 대통령은 그녀를 미국의 글로벌 기업가 정신 대사로 지명했으며, 당시 부통령이었던 조 바이든은 테라노스를 방문하여 그녀를 격려하기도 했다. 적절한 시기에 그들의 기대에 부합하는 인물이 나타났기에 큰 의심 없이 그녀의 이미지를 이용했던 것이다. 〈드롭아웃〉은 이런 홈즈의 성공과 실패의 의미에 대해 질문하고 있다. 그녀는 왜 질문의 형식으로 미국 사회에 나타났는가. 현실에 대한 그녀의 질문은 어디에서 시작했으며, 홈즈는 왜 결국 그 질문을 자기 자신의 것으로 만들지 못했는가. 이 질문에 대답해나가며 작품은 현실의 고착 상태를 해소하려는 지금 우리의 방식이 보편성의 토대 위에서 진행되지 않으면 위험해질 수밖에 없다는 것을 보여주고 있다.

드라마는 엘리자베스 홈즈(아만다 사이프리드 분)가 2001년 스탠퍼드 대학에 입학하는 시점부터 2017년에 검찰에 소환되어 사기 혐의로 조사를 받는 시점까지를 다루고 있다. 1화의 초반부 회상 장면에서 중학생 정도 되는 홈즈는 운동복을 입고 학교 트랙을 돌고 있는데, 이미 다른 학생들은 한참 전에 완주한 상태다. 관중석에서 그녀를 지켜보는 어머니는 "왜 아직도 뛰고 있는 거야"라고 하고, 아버지는 홈즈를 계속 응원하고 있다. 그녀가 중도 포기하지 않은 건 자신을 지켜보는 모든 시선 때문인 것 같다. 지루해하는 급우들, 창피해하는 어머니, 응원하는 아버지. 그 사이에 그녀 자신의 의지가 개입할 여지는 없어 보인다. 그들 모두의 시선이 머릿속에서 사라지게 할 방법은 '완주'밖에 없다. 그래서 그녀는 한없이 부족한 몸을 이끌고 결승선을 향해 뛴다. 이 장면은 그녀가 스탠퍼드 대학에 입학하던 2001년에 엔론 사에서 쫓겨난 아버지를 뒤로한 채 자기 방으로 들어와 벽에 붙은 스티브 잡스를 도전적인 눈빛으로 노려보던 장면, 그리고 환자의 상태를 진단하고 약을 투여하는 휴대용 기기에 대한 자료를 들고 의대 교수 필리스 가드너에게 찾아가 "하거나 하지 않거나, 둘 중 하나다"라는 〈스타워즈〉의 요다의 대사를 읊는 장면과 겹쳐진다. 그녀는 자신이 '과정'을 생략하지 않고 어떤 일을 진행한다면 남들보다 뒤처질 수밖에 없다고 생각하고 있다. 아버지는 그저 성실하게 살아왔을 뿐이지만 엔론 사의 회계부정에 대해 잘 알 수 없는 위치에 있었기 때문에 실패자가 되었다. 노력하면 성공할 수 있다는 믿음으로, 학교에서 배운 대로 성실하게 살아가도 어느 날 갑자기 평범함의 범주에서 밀려날 수 있는 상황. 이것은 홈즈뿐만 아니라 대침체[12]기를 겪었던 수많은 미국인이 느껴야 했던 불안감이라고 할 수 있다.

그녀는 이때부터 젊은 여성 사업가라는 대외적 이미지를 통해 자신을 향한 질문을 방어해나간다. 그녀의 속임수는 단순히 많은 돈을

---

12 2007년 4월(서브프라임 모기지 사태) 또는 2008년 9월부터 미국에서 시작된 세계 규모의 경제 위기를 지칭하는 용어. 대침체는 그 이전인 2000년대 초반부터 그 조짐을 드러내고 있었다고 볼 수 있다.

아이러니스트, 영화관에 가다

벌기 위한 목적으로 행해지는 것이 아니라, 혁신에 대한 미국인들의 기대를 완성하기 위한 과정으로서 진행된다. 홈즈의 미완성된 비전은 에너지 없이도 빛을 발하는 화학 발광체와 같은 것이었으므로, 사람들은 그 뒤에 숨겨진 텅 빈 '과정'에 대해 묻지 않았다. 그러는 동안 그녀의 가면은 평범한 한 사람으로서의 자신을 지워 갔다. 부모와 투자자들은 그녀가 더 완벽한 리더가 되길 바랄 뿐이었고, 심지어 그녀의 빛뿐만 아니라 어둠까지도 감싸주었던 연상의 남자친구 '서니 발와니'도 홈즈의 겉모습이 내면을 잠식하는 것을 도왔기 때문이다. 이미 테라노스는 그녀의 모든 것이 되었기 때문이다. 그렇게 모든 이들이 씌워준 '혁신가'라는 가면을 쓴 그녀는 미국 백인 남성들이 경영하던 사회의 실패 지점을 파고들며 그들을 하나씩 설득[13]해나갔다.

6화의 가면무도회 장면은 홈즈가 자신의 혁신가 이미지를 어떻게 생각하는지 잘 보여준다. 홈즈의 얼굴 모양을 본뜬 가면을 쓴 참석자들에게 인사할 때 그녀의 웃음에는 약간의 불안함이 드러난다. 그리고 파티가 끝난 뒤에 연인이자 동업자인 서니가 둘만의 보금자리인 집에서 가면을 쓰고 그녀에게 춤을 권하자, 홈즈는 서니에게서

---

13   전설적인 외교관 헨리 키신저와 전 국무장관 조지 슐츠, 전 국방장관 윌리엄 페리, 제임스 매티스를 테라노스의 이사로 모셨고, 언론계의 거물 루퍼트 머독 등으로부터 거액의 투자를 받았다.

가면을 벗겨 자신이 쓰고 격렬한 몸짓을 보이기 시작한다. 그녀는 자신이 의지할 수 있는 유일한 보호막이 그 가면이라고 생각한다. 그녀의 부모나 지도교수, 지지자들은 아직 완성되지 않은 그녀의 진짜 모습을 좋아하지도 않을 것이고, 그녀가 느리게 성장해 나갈 시간을 기다려주지도 않을 것이기 때문이다. 그런 그녀에게 가면을 뺏긴 서니는 다른 홈즈 가면을 쓴 뒤에 그녀와 함께 격렬한 춤을 춘다. 그리고 곧 카메라는 열린 문틈으로 그들을 바라보는 위치로 이동한다. 두 사람을 춤추게 만드는 게 그 (가정된) 응시라는 것처럼 말이다. 불안해하지 않으려면 관객에게 좀 더 멋진 쇼를 보여줘야 한다는 것. 두 사업가는 이제 '쇼맨'이 되어 있었던 것이다.

《월스트리트 저널》의 기자 존 캐리루의 끈질긴 추적과 테라노스의 연구원이었던 테일러 슐츠(테라노스 이사이자 전 국무장관인 조지 슐츠의 손자)의 폭로로 홈즈의 진실이 차츰 대중들에게 드러난다. 하지만 그녀에게 속았다는 사실을 인정하고 싶지 않은 이사진과 투자자들은 홈즈를 위해 '언론 플레이'의 기회를 제공한다. 한 대형 방송사와의 인터뷰에서 그녀는 '무능한 경영자인 서니 발와니를 고문으로 둔 실책'을 인정하고 테라노스의 기술적 오류들에 대해 대중들 앞에 진심으로 사과하기를 변호사와 이사진으로부터 요구받는다. 하지만 그녀는 대중들이 기대한 눈물을 보여주지 않는다. 그녀는 "우리는 곧 재건할 겁니다"라고 하면서, 예전에 그녀가 이사진들 앞에서 호소했던 "전 그저 세상을 바꾸겠다는 꿈을 가진 여자애인걸 요"라는 고백과 같은 맥락의 대사를 반복할 뿐이다. 홈즈는 자신의 모든 잘못이 드러나 사람들로부터 '왜 당신은 사기극을 벌였나'라고 질문받을 때조차 자신의 가면에 기대어 '너희도 이런 젊고 혁신적인 여성 리더가 필요하지 않았니?'라고 하며 그들의 질문을 되돌려주고 있는 것이다. 그녀가 질문받는 자의 위치로 돌아간다는 건 곧 아버지처럼 보편적 삶의 장소에서 밀려나는 것을 의미하기 때문이다.

홈즈는 2022년 11월 18일에 징역 11년(투자자 대상 사기 공모와 3건의 금융사기 등의 혐의) 형을 선고받았으며, 2023년 5월 30일에 수감되었다. 하지만 드라마 〈드롭아웃〉은 그녀를 대신할 새로운 반지성주의적 질문자들이 곧 우리 앞에 다시 나타날 것이라고 예감하게 해준다. 그녀는 온전히 자기 스스로 '여자 스티브 잡스'가 된 것이 아니고, 그저 생존을 위해 준비도 되지 않은 상태에서 '질문자'의 역할을 떠맡아야 했을 뿐이기 때문이다. 우리가 맹목적으로 혁신가만을 원한다면, 그 자리를 쉽게 차지하려는 이들이 끊임없이 등장할 것이다. 지금도 미국뿐만 아니라 많은 국가의 주요 뉴스에 혁신가를 자처하는 인물들이 수없이 나타나고, 그들 중 일부가 경찰의 수배를 받는 장면을 자주 목격하게 된다. 질문하기 위한 자격에 대해, 모든 질문의 토대가 되어야 할 보편성에 대해 드라마 시리즈 〈드롭아웃〉은 우리에게 묻고 있다.

3. '구찌'가 된다는 것
- ⟨하우스 오브 구찌⟩(리들리 스콧, 2021)

⟨올 더 머니⟩(2018)에서 리들리 스콧 감독은 게티 재단의 설립자 진 폴 게티의 돈에 대한 집착을 값싼 속물주의로 표현하지 않았다. 감독은 그를 모든 것이 돈의 흐름에 의해 의미화되는 세계에서 삶에 대한 자신만의 인식 방법을 고수해 나가려는(비록 그 방식이 왜곡되었지만) 한 남자로 그려냈다. 자본을 통해 무엇에도 휩쓸려가지 않는 자신만의 요새를 쌓아 나가려는 태도는 돈에 대한 그의 사유가 실존에 대한 탐구에 맞닿아있는 것처럼 착각하게까지 만든다.

⟨하우스 오브 구찌⟩의 등장인물들도 그러한 점에서 ⟨올 더 머니⟩의 진 폴 게티를 떠올리게 한다. 그들은 '구찌'라는 요새를 놓고 싸웠다. 전 세계의 모든 이들이 선망하는 기표인 '구찌'는 이 영화의 배경인 1980년대 후반부터 90년대 초반까지, 세상 모든 의미들이 자본에 녹아내릴 때도 자신의 자리를 지킬 것처럼 보였을 것이기 때문이다. 심지어 지금 글로벌 투자그룹 인베스트코프(Investcorp)에 인수된 뒤에도 구찌라는 이름만은 부와 명예의 상징으로서 그대로 남아 있다. 그래서 구찌와 관계없이 평범하게 살았을 인물들이 구찌의 경영권 싸움에서 패배했을 때, 그리고 구찌 가문 사람들이 경영자의 지위를 잃게 되었을 때 그들은 자신의 '존재'를 잃은 것처럼 느꼈을

아이러니스트, 영화관에 가다

것이다. 그들은 자본의 흐름에 의해 휩쓸려가지 않는 견고한 의미들을 만들어내고 싶었을 것이라는 뜻이다.

인류의 보편적 가치들을 지키려는 정치적 시도들이 실패하던 80년대부터 그것이 지속되고 있는 현재까지, 몇몇 사람들은 '전통'과 '대안'이라는 키워드를 결합한 강력한 패러다임을 욕망하고 있다. 그것이 '전통'의 바깥에 있는 다른 집단이나 개인의 가치를 한없이 깎아내리는 방식으로 성립하는 것일지라도 말이다. 어쩌면 그런 방식으로라도 불확실성으로 가득한 세상에서 자기 자신의 존엄함을 지켜야 할지 모른다고 그들이 믿고 있기 때문이다. 전 세계에서 발생하고 있는 반지성주의적 움직임 중 어떤 것들은 왜 껍데기만 남은 과거의 기표들(파시즘이나 패권주의 등)과 관련되는지, 그리고 그것들이 왜 지금 평범한 사람들을 유혹하고 있는지에 대해 리들리 스콧 감독은 세계 언론의 주목을 받았던 마우리치오 구찌 피살 사건을 둘러싼 인물들의 '불안'을 통해 설명하고 있다.

영화의 중심인물 중 하나인 마우리치오 구찌의 아내 파트리치아 레지아니(레이디 가가 분)가 '구찌'라는 이름에 집착하게 된 것은 결혼 이후였다. 실제 사정은 어땠을지 모르지만, 적어도 영화에서는 결혼 이전에 그녀가 구찌를 특별한 의미로 바라보고 있는 것처럼 보이지 않는다. 그녀의 욕망을 자극한 것은 시아버지 로돌포 구찌였다. 작은 운송업체 사장의 딸이었던 그녀를 로돌포는 며느리로서 완전히 인정하지 않았고, 마지막까지 아들 마우리치오에게 구찌의 주식을 양도한다는 증서에 서명을 하지 않고 죽었다. 시아버지에게 인정받지 못한 파트리치아에게 구찌라는 이름은 '가질 수 없지만 계속 욕망해야 하는 것'으로 여겨졌을 것이다. 그 이름을 자신의 것으로 만들지 않는 이상 남편에게 어울리는 아내가 될 수 없다고 느꼈을 것이기 때문이다. 그녀는 남편을 사랑하기 때문에 구찌의 일부가 되어야 했다. 그리고 그 과정은 구찌라는 기표의 현실적인 지분을 최대한 획득하는 투쟁의 형태로 진행될 수밖에 없었다. 즉, 그녀는 시아버지로부터의 승인이라는 불가능한 절차를 구찌의 경영권 확보라는 방식으로 대체하려고 했던 것이다.

그러한 파트리치아의 욕망이 그녀 자신의 '평범함'을 초과하고 있다는 것을 보여주는 장면이 있다. 집에서 잠옷 차림으로 혼자 아이스크림 세 통의 뚜껑을 열고 번갈아 떠먹으며 TV 채널을 돌리던 그녀는 영매술사 피나 아우리엠마의 "힘드신가요? 어떤 문제든 제가 다 도와드릴 수 있습니다"라는 한 마디에 이끌려 TV에 시선을 고정한다. 화면에 나오는 번호로 전화를 건 그녀는 피나에게 "내가 원하는 걸 얻을 수 있을까요?"라고 물으며 자신의 미래에 대해 예견해주기를 청한다. 피나는 타로카드를 뒤집으며 "당신에게 큰 재물이 들어오는 게 보이네요"라고 답해준다. 이런 대화들이 오갈 때 파트리치아의 목소리는 두 층을 이룬다. 하나는 자기 본래의 목소리, 다른 하나는 전화기를 통해 방송국으로 전해져 다시 자신에게 돌아오는 목소리다. 회사에 관심을 갖지 않고 평범하게 법률가로서 살아가려는 남편에게 경영권 쟁취[14]를 부추긴 목소리는 본래 남편을 사랑하는 그녀 자신으로부터 나왔다. 하지만 그녀가 구찌라는 기표를 욕망할 때 그 목소리는 전혀 다른 무언가로 변해 있었다. 그녀가 구찌의 재산이나 경영권을 확보할수록 나머지 갖지 못한 것들은 그녀를 더 불만족스러운 상태로 만든다. 왜냐하면 그것들은 그녀의 '구찌로부터 인정받지 못한 사람'이라는 콤플렉스를 자극하는 불안 요소이며, 그녀가 절대로 다 채워 나갈 수 없는 공백이기 때문이다.

그녀는 구찌와 의미적으로 완전히 동일해질 수 없다. 부와 명예의 상징물로서의 구찌의 의미적 범주는 명확하게 규정할 수 없기 때문이다. 구찌 가문의 피를 물려받는다고 해서, 또 구찌에 대한 경영권을 완전히 다 갖는다고 해서 파트리치아가 '100퍼센트 구찌'가 될 수 있는 것은 아니다. 구찌는 대중들(소비자)에 의해 완성된 가상적인 구조물이므로, 그녀가 구찌의 금전적 소유주가 된다고 해도 그 속에서 한정된 지분만을 가질 수 있을 뿐이다. 하지만 시아버지 로돌포로부터 얻지 못한 인정은 파트리치아의 내면에서 구찌와 자신

---

14   큰아버지 알도 구찌가 탈세 혐의로 구속되고, 알도의 아들 파올로 구찌는 경영 능력이 심각하게 부족한 상태였다. 파트리치아는 남편을 부추겨 파올로가 가진 주식을 사들여 대주주가 되게 한다.

사이의 의미적 공백과 겹쳐졌고, '100퍼센트 구찌'는 그녀가 '마우리치오 구찌의 아내'가 되기 위해 반드시 쟁취해야 할 목표가 되어버렸다. 그래서 구찌를 향한 그녀의 욕망은 가질 수 없는 것에 대한 욕망이 되었고, 자기 자신의 것이 아닌 과도한 무언가가 되어 갈 수밖에 없었다. 평범한 한 사람으로서의 파트리치아가 그녀의 거대한 욕망의 목소리를 쫓아가고, 그 목소리가 다시 그녀에게 돌아와 아직 완벽한 구찌 가의 사람이 되지 못한 자신의 등을 떠밀고 있다. 그리고 이 악순환의 구조 한가운데에는 그녀를 지켜보는 '대중'이 있다. 애초에 구찌라는 기표에 상징적 의미를 부여한 것이 그들이었으며, 실물 구찌와 상징적 구찌 사이의 간극은 그들의 관심에 의해 (일시적이나마) 채워질 것이기 때문이다.

평범한 이들이 가질 수 없는 이 '구찌'라는 기표에 대한 욕망이 파트리치아에게서만 특별하게 나타난 것이 아니라는 사실을 영화는 다양한 인물들을 통해 보여준다. 앞서 언급한 로돌포, 그의 형인 알도와 알도의 아들 파올로, 마우리치오 구찌의 전속 변호사 도메네코까지, 구찌를 둘러싼 인물들은 그것을 단지 '재산'으로서만 바라보지 않는다. "당신이 구찌에서 일하는 목적이 뭐죠"라는 파트리치아의 질문에 도메네코가 "구찌는 희귀동물이니 보호해야죠. 그들을 노리는 적들로부터"라고 답하는 것처럼, 그들은 구찌라는 이름에 그들이 쉽게 가질 수 없는 추상적인 가치들이 포함되어 있다고 믿고 있다. 아들의 신고로 감옥에 가고(알도), 오랫동안 모신 사장의 아들을 기업에서 쫓아내고(도메네코), 살인청부업자를 통해 남편을 죽음으로 몰아넣(파트리치아)으면서까지 그들이 구찌라는 이름을 갖고 싶어 했던 것은 그것이 그들 각자의 연약한 이름들보다 훨씬 더 단단하기 때문이다. 도메네코의 '희귀동물'이라는 비유를 빌려 조금 다른 방식으로 표현한다면, 구찌라는 이름을 걸치고 있는 사람은 특별한 존재로서 '적'들로부터 보호받을 수 있게 된다는 것이다. 사람들은 구찌를 통해 자신이 가질 수 없는 것들을 욕망하고, 그 욕망이 계속되기를 바라기 때문에 구찌라는 이름이 무너지길 바라지 않는다.

남들과 다르지 않게 살고 싶어 했던 마우리치오 역시 구찌의 중심에 발을 들여놓으면서 평범한 생활 방식을 버린다. 그는 구찌에 집착하는 아내에게 실망하여 그녀와 이혼한 뒤, 역설적으로 아내보다 더 독한 경영자가 되었다. 큰아버지 알도와 그의 아들 파올로에게서 대량의 구찌 주식 지분을 빼앗다시피 한 그는 미국의 젊은 디자이너 톰 포드를 영입하는 등 구찌의 고전적인 가족 기업 이미지를 탈피하기 위한 여러 가지 시도를 한다. 그의 행보를 구찌 왕국을 지키기 위한 노력으로 볼 수도 있겠지만, 영화에서는 그것이 가족들이 설계해 놓은 경영 방식들을 전부 해체하는 과정처럼 그려진다. 글로벌 투자자들과 손잡고 가족들을 경영 일선에서 몰아내고, 언론이 주목하는 행보들(화보 촬영부터 새 애인인 파올라 프랭키와의 화려한 로맨스

까지)을 이어가는 것은 그가 자신이 구찌의 유일한 상속자임을 세상에 공표하는 과정이라고 할 수 있겠다.

이렇게 평범했던 자신을 버리고 구찌 그 자체가 되어가는 과정에서 그의 내면이 어떻게 변했는지를 보여주는 쇼트가 있다. 결별한 아내 파트리치아가 그의 거처로 찾아와 다시 돌아와달라고 간청할 때, 그녀의 요청을 거절하는 마우리치오의 대답은 짧고 단호하다. 이 대화 장면에서 마우리치오가 파트리치아를 바라볼 때는 카메라가 고정되어 있는데(위에서 아래를 향한다), 파트리치아가 마우리치오를 바라볼 때는 흔들리는 카메라가 대상을 아래에서 올려다보는 방식으로 찍고 있다. 또한 파트리치아가 바라보는 마우리치오와 그 뒤편은 건물에서 나오는 불빛으로 인해 환한데, 마우리치오가 파트리치아를 바라보는 방향에는 매연이 옅게 깔린 어둑한 거리가 있다. 이제 마우리치오는 그 거리로 다시 건너갈 생각이 없다. "당신을 미워하지도 않지만 당신과 남은 여생을 보내고 싶지도 않아"라고 건조한 한 마디를 건넨 뒤 건물 안으로 들어가는 마우리치오에게 파트리치아는 "내가 괴물과 결혼한 줄 몰랐네"라고 울먹이며 말하는데, 그런 그녀를 돌아보며 마우리치오는 "괴물이 아니라 구찌와 결혼한 거지"라고 하며 이제 자신이 '진짜 구찌'가 되었음을 '가짜 구찌'에게 선포한다. 인간 누구에게나 있는 흔들림, 다 채워질 수 없는 하루하루의 의미와 자신의 존재에 대해 생각하며 각자의 방식으로 마음

아이러니스트, 영화관에 가다

에 일어나는 그 흔들림이 마우리치오에게는 없다. 그 과정에서 그는 〈올 더 머니〉의 진 폴 게티처럼 흔들림 없는 의미들의 요새를 소유하고 지켜내는 통치자가 된 기분도 들었을 것이다. '가격'에 의해 거의 모든 것의 의미가 규정되는 세계에서, 그는 세상의 의미들이 자신에게 흘러드는 위치에 서 있기 때문에 더 이상 불안해할 필요가 없었던 것이다. 물론 가격을 매길 수 없는 진짜 인간의 감정에 의해 그는 결국 목숨을 잃게 되었지만 말이다.

영화 첫 시퀀스(실제 시간상으로는 마우리치오가 살해당하기 직전)에서 마우리치오는 편안한 얼굴로 카페에서 에스프레소 한 잔을 마신 뒤 자전거를 타고 회사 건물로 이동한다. 그 조용한 풍경 뒤로 "그들은 땅이나 왕관을 놓고 싸우지 않았어. 껍데기를 놓고 싸웠지"라고 하는 파트리치아의 내레이션이 배치된다. 우리는 명예 혹은 부와 관련된 관념들을 응축해놓은 상징물들의 뒤에 무엇이 있는지 잘 알 수 없다. 그럼에도 불구하고 우리는 그것을 지금 도달하지 못하지만 언젠가는 도달해야 할 이상적인 장소로 설정하곤 한다. 우리가 보편성의 체계를 통해 설정하고 구축해나가는 삶의 영역은 화려하거나 근사하지 않다. 또한 그것을 완성해나가는 시간은 지루하며, 많은 이들의 노력과 인내심을 필요로 한다. 글로벌 자본가에게 자신의 모든 것이나 다름없는 구찌를 내줬을 때 마우리치오는 그것을 어렴풋하게 깨달았을지도 모른다. 그래서 그는 이 영화에서 가장 평범하고 담백한 풍경 속에서, '구찌'라는 이름과 결별하게 되는 그 시점에 편안하게 웃을 수 있었는지도 모른다. 그때 그의 웃음 뒤에서 들려오는 파트리치아의 "(부와 스타일과 권력을 상징하는 구찌를 갖는 것에 대해) 꿈 깨"라는 말은 파트리치아의 말인 동시에 그의 고백이기도 할 것이다.

4. 현재진행형인 반지성주의의 움직임들

전쟁과 실업과 재난의 시대에 국가는 개인들을 지켜주지 못했다. 그런 우리에게 제시되었던 수많은 '대안적 관점'들, 즉 이전과는 전혀 다른 방식으로 위기 상황을 해소할 수 있다고 하는 이들의 방식은 명료하게 설명하거나 증명할 수 없는 논리들을 이어 붙여 명료하게 이해할 수 있는 것처럼 만든 것이 대부분이었다. 하지만 그것에 덧입혀진 '가질 수 없는 욕망', 혹은 '도달할 수 없는 욕망'이라는 조명 때문에 우리는 그것의 실체를 쉽게 파악할 수 없었다.

자본의 유동성을 기반으로 한 대중 매체와 소셜미디어, 그리고 그것들과 결합한 과거의 비합리적인 개념들이 우리에게 밀려들고 있다. 돈을 주고 구입할 수 있는 구찌처럼, 투자를 통해 키워나갈 수 있는 테라노스처럼, 그것들은 마치 혁신적인 관점을 가진 투자자를 불러 모으듯 우리 앞에서 자신의 가치를 설명하고 있다. 그리고 실패

아이러니스트, 영화관에 가다

를 거듭하면서도 느리게 진행되고 있는 환경 보호에 대한 노력, 민주주의의 체계 구축, 혐오의 종식을 위한 활동과 같은 것들을 자신을 가로막고 있는 장애물로 여기며 대중들에게 그것들을 '녹여 없애자'고 호소하고 있다.

영화적 시선들은 그런 그들에게 매력을 느끼고 있다. 그것은 영화가 그들을 지지하기 때문도 아니고, 공격해야 할 대상으로 바라보고 있기 때문도 아니다. 그들이 우리 앞에 나서기까지 우리의 삶을 규정했던 합리성과 보편성의 틀은 얼마나 무너져왔는가, 그리고 그 과정에서 도덕과 비도덕의 경계, 정의와 불의의 경계, 보편성과 특수성의 경계와 같은 것들이 얼마나 도식적으로 정의되었는가에 대해 관심이 있을 뿐이다.

사기 혐의로 수감될 예정인 엘리자베스 홈즈와 가족들이 일궈낸 기업을 잃어버린 구찌가 사람들은 자신들의 대안적 관점으로 현실을 '액화'하는 데 실패했다. 그러나 그들과 닮은 수많은 기업가와 정치인들이 새로운 반지성의 논리들을 들고 다양한 채널을 통해 자신을 홍보하고 있다. "안정적 지향점"과 "모두를 미래로 인도해줄 수 있는 행동 유형들과 규약들"을 구축해낼 능력이 없다면 우리는 그들의 가짜 비전에 자기도 모르게 동화될 수도 있다. 잠시 망설이는 기색을 보이는 우리에게 그들은 "하거나 하지 않거나, 둘 중 하나다"라고 하며 선택의 순간으로 몰아붙일 것이기 때문이다.

벌거벗은 임금님의 천국

〈멋진 세계すばらしき世界〉(니시카와 미와, 2020)

동화 「벌거벗은 임금님」에서, 재단사에게 속아 알몸으로 거리를 행차하던 왕의 이야기는 대체로 어리석은 통치자에 대한 교훈으로 읽히곤 한다. 하지만 달리 생각해볼 여지도 있겠다. 평생 왕좌를 지키며 사는 것이 선대(先代)로부터 강제된 것이었다면, 좁은 시야로 세상을 바라봐야 하는 운명 역시 그가 스스로 선택한 것은 아니었을 것이기 때문이다.

그런데 우리도 가끔 그와 비슷한 처지에 놓이곤 한다. 왜냐하면, 현실 속에서 어떤 역할을 수행하는 사람은 자신의 역할에만 매몰되기 쉽기 때문이다. 개인의 내면에 규범화된 사회적 시선과 태도는 마치 살가죽처럼 몸에 달라붙어 떨어지지 않게 된다. '옷'이 아니라 '살가죽'이므로, 우리는 그것을 떼어낼 수 없다. 그런데 만약 우리에게 달라붙은 그 살가죽이 남 보기에 부끄러운 느낌이 드는 것이라면 어떨까. 이를테면 인종, 성별, 신체적 장애에 대한 편견 같은 것처럼 말이다. 부도덕이 일상화된 세상에서 우리의 옷은 부도덕이 될 것이고, 혐오가 일상화된 세상에서는 혐오가 옷이 될 것이다. 그렇게 살가죽이 되어버린 옷을 입고 있을 때 과연 우리는 스스로에 대해 부끄러움을 느끼게 될까?

〈멋진 세계〉는 그런 벌거벗은 임금님들의 세계를 다룬 영화다. 우리가 모두 부도덕이나 혐오의 옷을 입고 있다면 벌거벗은 것보다 더 부끄러운 상태로 매일 살아가는 것일 텐데, 과연 우리는 언젠가 자신의 수치스러움을 자각할 수 있을까? 그리고 어떤 계기로 우연히 그 부끄러움을 스스로 인지하게 되었다고 하더라도, 우리는 기꺼이 자신이 입고 있는 옷을 벗어버릴 수 있을까? 이러한 질문을 밀고 나가기 위해 감독은 알몸과도 같은 한 사내, 20년 형기를 마치고 나온 중년 남성 '미카미'(야쿠쇼 코지 분)를 주인공으로 내세운다.

'착하게 사는 것에 실패한 전과자의 비참한 삶'이라는 예상 가능한 이야기를 들려주는 이 영화에서, 서사의 매듭에 해당하는 지점마다 미카미의 '알몸'이 등장한다. 전라(全裸)가 아니라 신체의 일부분, 이를테면 뒷모습이나 상반신 등을 카메라로 잡아낸 알몸 씬은 그의 '부끄러움'과 밀접하게 관계되어 있다.

첫 번째 알몸 씬은 그가 석방 심사를 받을 때의 장면을 담고 있다.

형식적인 절차이긴 하지만, 그는 자신이 세상에 나가기에 적합한 상태임을 보여주기 위해 교도소 소장 앞에서 "벗겠습니다"라는 큰 구호와 함께 탈의를 시작한다. 옷 속에 어떠한 위험한 물건도 숨기지 않았고, 또 교도소 내에서 싸움을 벌이지 않고 착실하게 살았다는 것을 보여주기 위해 그는 자신의 알몸을 소장에게 보여준다.

낡은 피부에는 문신과 상처들이 새겨져 있다. 미카미는 과거에 이것들을 자랑스럽게 여겼다. 왜냐하면, 그것들은 부모로부터 버려지고 보육원도 돌보지 못한 그의 보잘것없는 몸을 가려주었던 화려한 옷과 같은 것이었기 때문이다. 그러나 그 옷은 그가 교도소에 들어오기 전에 아내를 만나 동거하던 순간부터 '부끄러운 것'이 되었다. 아내는 그가 야쿠자로 살아가는 것을 원치 않았기 때문이다. 그는 그래서 어머니를 대신해 자신을 보살펴준 아내의 사랑으로 '알몸'과도 같은 과거를 가릴 수 있었고, 그런 그에게 문신과 상처는 거추장스러웠기 때문이다. 그럼에도 불구하고 그 과거의 껍데기 안에는 어떤 싸움, 즉 '나는 누구인가'에 대한 답을 찾기 위한 보육원 출신 소년의 열망이 담겨 있기도 했다. 그러므로 그것들은 한편으로는 자랑스럽고, 또 한편으로는 거추장스럽기도 했던 것이었다.

교도소 소장 면담 장면의 바로 앞 씬에서 그는 감옥에 들어오기 전에 몰수당한 시계의 처분에 관해 다른 간수와 얘기를 나눈다. 번쩍거리는 외관과는 다르게 시계 안쪽 부품들은 낡아서, 그것을 수리

해서 쓸 수조차 없다. 미카미는 간수에게 그것을 그냥 처분해 달라고 하는데, 소장과의 면담 장면에서 그가 상처와 문신들을 보여줄 때 그것이 이 시계와 닮았다는 생각이 든다. 삶을 잠시 화려하게 해주었던 껍질들은 이제 그의 고장 난 몸 위에서 제 역할을 하지 못한다. 사실 미카미는 그 껍질들 때문에 아내와 이별하게 되었던 것이기도 하다. 야쿠자 생활을 청산한 그에게 찾아온 경쟁 파벌의 조직원은 그의 몸에 여전히 새겨진 '영향력'과 같은 것을 제거하기 위해 미카미와 아내를 노렸을지도 모르기 때문이다.

그는 앞으로 더 이상 험한 일을 겪지 않기 위해서라도 그런 과거의 흔적들을 지워야만 했다. 그런 미카미가 교도소장 앞에서 옷을 탈의할 때, 마치 옷이 아니라 자신의 껍질을 벗어놓는 것 같은 느낌이 드는 것은 그 때문이다. 상처와 문신은 출소 즈음의 미카미에게 있어서는 '입고 있으면 부끄러워지는 옷'이었으며, 그것을 빨리 벗어버려야만 새 옷, 즉 '새 사람'으로서의 삶이라는 옷을 입을 수 있기 때문이다. 하지만 그의 과거는 쉽게 지워지지 않는 문신처럼 낡은 몸을 여전히 장악하고 있다.

미카미의 두 번째 알몸은 '수감자 기록장'이다. 거기에는 삶의 배경, 범죄 기록, 수감 태도 등 그의 모든 기록들이 담겨 있는데, 그는 이것을 '방송을 통해 어머니를 찾아주겠다'고 한 방송국 PD 하루카에게 넘겨 주었던 것이다. 기록장의 모든 과거는 출소한 그의 몸에 새겨진 문신과 상처처럼, 남에게 보여주기 싫은 치부이다. 그러나 그는 그것을 타인에게, 심지어는 그에게 호의적이지 않을 시청자들에게 보여주면서까지 자신의 어머니를 찾으려고 한다. 왜냐하면, 그가 야쿠자 시절의 과거도 벗어 버리고, 또 어머니 이외에 자신을 유일하게 사랑해준 아내의 따뜻한 보호의 시선까지 벗어 버린 상태에서 세상에 나온다는 것은 알몸으로 사람들과 마주한다는 것이기 때문이다. 물론 그가 배운 재봉 기술이나 수형 기간에 몸에 새긴 성실성 등은 그의 '굳은살'이 되어주겠지만, 그것들은 맨살에 난 상처에서 튀어나오는 존재적 결핍감을 완전하게 봉인할 수 없다. 그래서 미카미는 그것을 완벽하게 가려줄 수 있을지도 모르는 '어머니'라는 옷을 찾으려고 했던 것이다.

하지만 하루카 PD가 미카미에게 고기를 구워 주는 장면을 담은 시퀀스에서 드러나듯, 그는 자신의 과거라는 살덩어리를 세상에 내주고, 자신은 그들이 구워준 조각을 주워 먹으며 비루한 생계를 유지할 수 있을 뿐이다. 포식자와 희생자의 논리로 구조화된 현실 세계에서 그들의 위치는 처음부터 그렇게 정해져 있었고, 이러한 사실에 대해 포식자들은 부끄러움을 느끼지 않기 때문이다. 그렇게 미카미는 자신의 알몸과도 같은 과거를 하루카에게 보여준 뒤 그에 대한 아무런 보상도 받지 못한다. 그나마 다행이었던 것은, 하루카의 꾐에 빠져 그를 '구제받을 수 없는 사회의 쓰레기'로 만들어 방송에 내

보내려고 했던 하루카의 방송국 후배 츠노다가 뒤늦게 자신의 잘못을 후회하며 미카미의 일탈 영상(고기를 먹고 나온 뒤에 미카미는 길가에서 한 노인의 돈을 뺏으려는 불량배들과 마주치고, 분노를 주체하지 못해 그들을 두들겨 팼다)을 지워버린 뒤 그녀와 관계를 끊어 버렸다는 사실이다.

미카미의 세 번째 알몸은 그가 접대부와 사랑을 나누는 장면에서 나타나고, 네 번째 알몸은 앞서 언급했던 방송작가 츠노다와의 목욕 장면에서 나타난다. 먼저 세 번째 알몸에 대해 얘기해보자. 미카미는 자신이 하루카 츠노다에게 속았다는 것을 알게 된 뒤부터 사회에 적응하기 위해 만든 '굳은살', 즉 '모범 시민'이라는 껍데기를 스스로 떼어내려고 한다. 그의 '개과천선'을 도와준 지역 복지사와 동네 마트 직원 등에게 반항적인 태도를 드러내던 그는 야쿠자 시절 자신과 '형제'의 연을 맺었던 동료에게 전화를 하고, 한 조직의 우두머리가 된 그의 초대를 받아 도쿄에서 떨어진 먼 곳으로 여행을 떠난다.

그는 형제가 불러준 접대부와 첫날을 보내는데, '육식 본능'을 드러내야 할 순간에 그는 온순한 동물이 되어버린다. 고혈압과 부정맥 때문에 섹스가 불가능했던 미카미는 침대에서 그녀에게 안겨 돌봄을 받게 되었기 때문이다. 그때 그는 마치 엄마에게 안긴 어린아이 같은 태도를 보인다. 접대부가 어려운 형편 때문에 보육원에 맡긴 자기 아이에 대해 이야기할 때, 미카미는 잠시 자신을 보육원에 놓고 사라진 어머니를 떠올렸기 때문이다. 원망과 애정이 뒤섞인 감정이 그녀에게로 향할 때, 그것은 점차 온전한 애정의 감정이 되어 간다. 방송국 사람들로부터 사기를 당한 뒤에 그는 세상이 마냥 두려운 어린아이처럼 되어 버렸기 때문이다. 미카미는 그녀와 입을 맞출 때 욕망으로 가득한 표정이 아니라, 엄마를 바라보는 아이처럼 안도하는 표정을 짓는다. 그 순간 그는 잠시 자신을 향한 세상의 폭력들을 잊어버린 듯하다. 그러나 그것은 단지 하룻밤의 이야기일 뿐이다. 그를 어머니 혹은 아버지처럼 받아주었던 그의 형제가 경찰에게 쫓기기 시작했을 때 그의 포근했던 환상도 멈춰 버렸기 때문이다.

그런 미카미에게 '아들'처럼 다가온 것이 츠노다이다. 그는 미카미에게 자신의 잘못을 깊게 후회한다고 고백한 뒤 그의 친모를 찾기 위해 온 힘을 다하고, 그것에 실패한 뒤에도 미카미가 다시 사회에 적응할 수 있도록 적극적으로 도왔던 것이다. 미카미의 네 번째 알몸은 그가 츠노다와 보육원(그가 어렸을 적 지냈던 곳) 목욕탕에서 목욕을 하는 장면을 통해 나타난다. 어머니의 생사와 거처를 확인하지 못한 그는 조금 허탈한 마음을 달래기 위해 보육원 아이들과 축구를 하고, 땀을 씻기 위해 츠노다와 함께 목욕을 한다. 츠노다는 미카미의 등을 밀며 "제가 꼭 당신의 이야기를 글로 쓰겠어요"라고 고백하는데, 그것은 마치 그가 미카미의 과거를 벗겨내고 그 위에 새 옷을 입혀 주는 과정처럼 보인다. 그의 몸을 뒤덮고 있는 죄의 낙인

아이러니스트, 영화관에 가다

이 그 순간 허물처럼 벗겨지고, 그 자리를 츠노다의 진심 어린 말과 눈빛이 감싸는 것 같기 때문이다. 그런데 그 고백의 장면에서 이상하게도 미카미의 얼굴은 화면을 벗어나 있고, 츠노다의 얼굴만 화면을 가득 채운다. 그것은 아마도 미카미에게 입혀지는 '선의의 옷'이 그를 위한 것이 아니라 츠노다를 위한 것이었기 때문일지도 모른다. 가족으로부터 독립한 뒤 사회의 냉혹함을 홀로 견디던 그는 자신이 짝사랑(그리고 존경)하던 선배 하루카에게서 배신을 당했고, 그 때 미카미도 느꼈을 감정, 즉 사회 안에서의 고립감이나 두려움 같은 것을 느꼈기 때문에 그 역시 미카미처럼 자신의 친부모를 대신할 부모 같은 존재가 필요했던 것이다. 그는 자신의 모든 선의지를 총동원해 미카미에게 돌봄의 옷을 지어 입히고, 그것을 입은 미카미를 자신의 새로운 아버지처럼 여기려고 했다. 하지만 그 옷은 불행하게도 미카미에게 어울릴 수 없었고, 네 번째 알몸 씬에 이어지는 후반 시퀀스를 통해 그러한 사실은 비극적으로 드러나게 된다.

미카미의 마지막 알몸은 그의 죽음을 통해 나타난다. 후술하겠지만 이 알몸은 영화 안에서 시각적으로 드러나지 않고 맥락적으로만 나타나므로, 전체 서사 안에서 '소외된' 알몸이라고도 할 수 있다. 미카미는 츠노다와 지역 복지사 등의 도움을 받아 인근 지역 병원에서 요양보호사로 일하게 된다. 그리고 곧 동료들의 협조를 통해 업무에도 익숙해지고, 그들과 마음을 터놓고 지내며 유대관계를 형성하기도 한다. 하지만 그것은 오래 가지 않는다. 정신지체장애 때문에 의사소통에 서툴고 업무에도 서툴 수밖에 없던 동료 요양보호사 아베를 그의 또래 남자 동료들이 병원 바깥의 한구석으로 끌고 가 린치를 가하는 장면을 미카미가 우연히 보게 되었던 것이다.

미카미는 그들을 보고도 아무런 조치를 취할 수 없었다. 아베를 구하기 위해 그가 남자 동료들에게 폭력을 가하는 순간, 그가 몸에 걸치고 있는 츠노다의 '선의의 옷'은 벗겨져 땅바닥에 떨어질 것이다. 그리고 다시 그의 알몸에 난 상처에서 분노가 솟구쳐, 그는 다시 과거의 부끄러운 옷(범죄자 낙인)을 입게 될 것이다. 그러면 츠노다는 다시 그의 아들(이때는 어머니의 역할이나 다름없다) 역할을 포기하게 될 수도 있으며, 미카미는 그로 인해 다시 세상에 홀로 남겨져 사람들의 멸시에 그대로 노출될 것이기 때문이다. 직장을 잃는 것보다 미카미는 자신에게 다가올 그런 무서운 냉소의 눈빛이 두려웠을 것이다. 그래서 그는 아베가 맞는 장면을 보고도 모른 척하고 돌아서는데, 그날 그가 퇴근할 때 아베가 천진한 얼굴을 하고 그에게 다가와 화단에 핀 코스모스 한 다발을 건네준다. 그것이 미카미에게는 그저 그런 들꽃이 아니라 하나의 '우주'로서 다가온다. 그것은 세상의 '바깥'이 아니라 그와 아베가 각자의 내면에서 정성스럽게 가꿔낸 소우주들이라고 할 수 있다.

어머니에 대한 기억도, 그를 통제해왔던 사회적 규율들도, 그리고 혐오스럽지만 그의 알몸을 단단하게 감싸주었던 '일상성'도 그 우주의 빛이 팽창하는 것을 견뎌내기 어려웠다. 그래서 미카미는 코스모스를 집으로 들고 가는 내내 고통을 느꼈고, 집에 도착한 뒤에는 심장에서부터 그 고통이 터져 나오게 되었던 것이다. 가슴을 부여잡은 채 쓰러져 죽은 그의 왼손에는 코스모스 한 묶음이 들려 있었고, 그것은 그다음 날 그의 집에 도착한 츠노다에게 커다란 질문이 되어 돌아간다.

선의란 무엇인가. 사회란 무엇인가. 평범한 일상이란 무엇인가. 그리고 궁극적으로, 온전한 나 자신의 우주를 다 가려 버리는 일상성을 우리는 왜 그토록 유지하려고 애쓰는가. 츠노다가 이 질문 앞에서 아무 대답도 하지 못할 때 경찰들은 그에게 미카미의 시신을 부검할 예정이라고 통보한다. 그는 범죄 이력을 가진 자였고, 또 다른 범죄를 막기 위해서는 그의 죽음과 관련된 모든 단서들을 그의 몸에서 찾아내야 했기 때문이다. 영화의 마지막 장면에서 카메라는 그의 작은 집 창밖에 펼쳐진 평온한 하늘을 잡아낸다. 그것은 자신의 몸으로부터 해방된 미카미의 홀가분한 시선일 수도 있겠지만, 끝내 자신의 몸의 주인이 될 수 없었던 그의 허탈한 표정 앞에서 아무렇지도 않게 단단한 일상성을 펼쳐내는 세상의 가혹한 얼굴을 의미하는 것일지도 모른다. 영화는 이렇게 세상 속에서 '벌거벗은 임금님'이 될 수밖에 없는 무력한 이들의 삶을 다른 어느 영화보다도 솔

직하게 보여주고 있다.

동화 「벌거벗은 임금님」에서 알몸으로 거리에 나온 왕의 부끄러운 모습을 보고 "왕이 벌거벗었다"라고 외치며 깔깔거리던 것은 천진난만한 소년이었다. 그는 '어른스러움', 즉 한 사회의 일원으로서 그가 유지해야 할 특정한 태도로부터 조금은 자유로웠기 때문에 왕을 보고 그렇게 외칠 수 있었다. 하지만 지금 서로의 벌거벗은 모습, 즉 '법과 질서의 유지'라는 명목하에 특정 집단을 혐오하고 모욕하는 시선이나 행동을 보며 우리는 그 소년처럼 '벌거벗었다'라고 외칠 수 없다. 그렇게 하는 순간 우리는 자신에게 부여된 '어른'이라는 지위를 박탈당하고, 다른 어른들로부터 손가락질을 받게 될 것이기 때문이다.

〈멋진 세계〉의 주인공 미카미 역시 그런 소년이 되고 싶지 않았기 때문에 동료의 추태를 보고 아무 말도 하지 못했다. 그리고 그를 세상으로 연결해주려고 했던 츠노다 역시 그가 미성숙한 소년이 되지 않기를 바라는 마음 때문에 '모른 척'에 대해 가르치려고 했다. 하지만 그러한 '모른 척'의 두께는 우리 내면의 진짜 우주에서 뿜어져 나오는 빛을 다 가릴 만큼 두껍지는 않다. 설혹 그것을 최후의 순간까지 감추고 세상을 떠난 이가 있다고 하더라도, 살아생전에 그것으로부터 자신의 몸 전체에 전해져오는 힘이 있었다는 것을 그가 부정할 수는 없을 것이다. 혐오가 일상화되고, 또 혐오 때문에 전쟁과 테러

아이러니스트, 영화관에 가다

가 수없이 일어나는 세상. 이 우스꽝스럽고 부조리한 이야기를 지켜보고 있는 것은 동화 바깥의 우리 자신일지도 모른다. 만약 어떤 위치에서든 우리가 그 소년을 발견했다면, 그것이 '과거의 나'가 아니라 '먼 미래의 나'일 거라고 생각할 수 있었으면 한다. 그렇지 않으면 우리는 앞으로도 벌거벗은 채 이 세상의 한가운데를 '멋지게' 행차하게 될지도 모르기 때문이다.

'장만옥'이라는 수수께끼

〈이마 베프Irma Vep〉(올리비에 아사야스, 1996)

1. 90년대의 뮤즈는 왜 지금 돌아왔는가

올리비에 아사야스 감독의 〈이마 베프〉는 '장만옥의, 장만옥에 대한, 장만옥을 위한' 영화다. 90년대 프랑스 영화라는 미로 속에서 천진난만하게 길을 잃는 그녀의 여정이 이 영화의 모든 것이라고 해도 과언이 아니기 때문이다. 그녀는 전설적인 영화감독 루이 푀이아드가 연출했던 〈흡혈귀 강도단〉의 90년대 판 리메이크 작품에 주인공 '이마(Irma)'로 캐스팅되어 프랑스에 도착한다. 혁명과 왕정복고가 반복되던 19세기 끝 무렵에 프랑스에서 탄생한 '영화'라는 불가사의. 그 영화사의 여명기에 만들어진 〈흡혈귀 강도단〉에서 '이마' 역할을 맡았던 여배우 무시도라(Musidora, 1889~1957). 1900년대 프랑스 영화 그 자체나 다름없었던 그녀를 동양인 뮤즈가 재현하는 것이다. 하지만 초기의 영화적 에너지가 소진된 90년대 프랑스에서 장만옥은 그런 사정과는 전혀 관계없다는 듯 투명한 발자국들을 남기며 영화 속으로 걸어 들어간다. 이미 30대에 진입한 상태였지만 〈동사서독〉(왕가위, 1994)과 〈첨밀밀〉(진가신, 1996)에서 보여주었던 신비로운 연기로 인해 단숨에 세계 영화팬들의 '소녀'가 된 그녀는 그곳에 대한 두려움보다는 호기심을 더 강하게 느꼈을 것이기 때문이다. 어쩌면 그런 그녀만이 복잡한 욕망으로 얽힌 '90년대 프랑스 영화'라는 미로를 자기만의 방식으로 해석할 수 있을지도 몰랐다.

2. 가까운 카메라와 흔들리는 카메라

영화 〈이마 베프〉의 중심에 있는 것은 영화적 캐릭터인 동시에 실존 인물이기도 한 매기 청(장만옥의 영어식 이름)이다. 하지만 그녀가 이 여정을 직접 설계하거나 90년대 프랑스 영화라는 미로 속에서 우리의 길잡이 역할을 하는 것은 아니다. 영화 속에서 그녀는 완벽하게 '대상'으로 존재한다. 그리고 그녀는 중층결정된 하나의 이상적인 개념, 즉 '무시도라(1900년대 영화)'와 '동양인 여배우'와 '소녀'라는 각각의 의미들이 하나로 중첩되어 나타난 캐릭터 '이마'로서 그들의 작품에 담긴다. 그래서 이 영화의 핵심 서사는 그러한 '이마'를 지켜보는 이들의 응시를 따라가는 과정이라고 할 수 있겠다.

영화의 첫 시퀀스에서 매기는 소통 불가능한 그들의 영화 한가운데로 유유히 걸어 들어온다. 〈흡혈귀 강도단〉 리메이크 작품의 주연으로 그녀를 캐스팅한 유명 감독 르네 비달은 더 이상 스스로 '영화적인 것'을 창조해낼 수 없게 되었고, 제작자와 프로듀서의 기획대로 영화라는 '상품'을 생산할 뿐이다. 그래서 매기는 프랑스에 도착한 뒤 영화감독이 아니라 가장 먼저 프로덕션 관계자들과 만나게 된 것인지도 모른다. 이 시퀀스에서 가장 먼저 등장하는 것은 투자자와 험악한 말투로 협상 중인 제작자이고, 그다음은 수화기 너머의 투자자를 부지런히 설득하는 어린 여직원이다. 그러고는 영화 〈터미네이터〉의 주인공 'T-800'이 그려진 티셔츠를 입은 선임 직원이 그의 부하 직원으로 보이는 이에게 캐스팅과 관련된 문제로 화를 내는 장면이 카메라에 잡히고, 그들 사이로 이런 분위기와 전혀 어울리지 않는 표정을 한 매기가 들어온다. 웨이스트 쇼트 정도로 계속 피사체에 가까이 따라붙는 이 영화의 카메라는 신경을 곤두세우고 인물들의 서사에 집중하는 것 같다. 그러나 이 영화의 '내부'라고 할 수 있는 프랑스인들끼리의 대화는 대부분 뚝뚝 끊겨 있고, '외부'라고 할 수 있는 매기와 스태프들의 영어 대화는 속이 텅 빈 상태로 이어진다. 말하자면, 그들은 불이 붙지 않는 라이터 부싯돌을 계속 엄지손

아이러니스트, 영화관에 가다

가락 끝으로 건드리는 것처럼 무언가를 반복하고 있으면서도 아무 것도 만들어내지 못하고 있다는 것이다. 그런 그들은 손끝이 아파도 부싯돌에 엄지를 문지르는 일을 멈출 수가 없다. 할리우드(의 상업 적 성공)에 쫓기고 있는 자신들의 처지를 너무나도 잘 알고 있기 때 문이다. 그 숨 막히는 무위의 연속을 재현하기 위해 카메라는 피사 체와 극도로 가까워져 있다.

이와는 조금 다른 방식의 클로즈업 장면도 빼곡한 시퀀스들 사이 에 끼어든다. 영화를 너무나도 사랑하지만 이런 현장의 분위기에는 염증을 느끼는 의상 담당 '조에'는 이번 리메이크 영화 촬영의 전체 맥락과 조금 거리를 두면서 자신의 업무를 수행한다. 그녀는 주인공 '이마'의 의상 콘셉트에 관한 감독의 주문을 듣고 자진해서 성인용 품점까지 찾아갈 만큼 영화에 '진심'이긴 했지만, 갈 길을 잃은 90년 대 프랑스 영화와 너무도 닮은 르네 비달 감독의 재기 가능성이 거 의 없다고 본다. 무엇보다 감독은 자신이 생각하는 '영화적 이상'에 만 과몰입해, 그것을 제대로 설명하지도 않으면서 원하는 결과가 나 오지 않을 때마다 책임을 스태프들에게 돌리려고만 했기 때문이다. 그래서 그녀는 영화 바깥에 있는 다른 영화적 즐거움들, 즉 스태프 들과 숙소에서 모여 자유롭게 영화 이야기를 하는 '공동체'로 대피 하곤 한다. 〈흡혈귀 강도단〉 리메이크 작품 내부 시사회가 또다시 감 독의 "(이 영화는) 쓰레기라고!"라는 한 마디로 인해 파행으로 치닫던 날에도 조에는 그럴 줄 알았다는 듯이 오토바이를 타고 유유히 촬영 현장을 빠져나와 아늑한 스태프 숙소로 향한다. 그리고 그 날은 길을 잃은 매기도 그녀의 도피에 동참한다. 퇴근 후 느슨한 분위기 속에서 서로에게 밀착해 있는 스태프들의 시선을 영화는 클로즈업으로 재현한다.

손수 만든 음식을 함께 나누고, 서로의 연애사를 걱정해주고, 무엇보다 그들이 사랑하는 고전 영화를 거실에서 함께 보며 즐거운 토론을 하는 이 분위기는 분명 그들을 잘 연결해주고 있는 것처럼 보인다. 하지만 이러한 유대는 그들과 영화 사이에서 '스크린'이 되어버린 것 같다. 영화에 직접 손을 뻗는 것이 두려웠던 그들을 이 연대감이 잘 다독여주긴 했지만, 그것은 그들 앞에 있는 영화와 그들의 관계를 특정한 방식으로 변형해버리기도 했다. 이러한 상황을 조에와 동료 미레일의 대화 장면이 잘 설명하고 있는 듯하다.

레즈비언인 조에는 이번 영화의 뮤즈인 매기에게 가벼운 사랑의 감정을 느꼈다고 미레일에게 고백하는데, 그것을 들은 미레일은 마치 언니나 이모처럼 조에의 마음을 매기에게 대신 전해주려고 한다. 하지만 조에의 사랑은 특정한 해석을 통해 변형되어 매기에게 전달되기 때문에 조에는 오히려 미레일의 호의를 원망하게 된다. 이것은 이 시퀀스의 앞에 배치되었던 르네 비달 감독의 영화 내부 시사회 장면을 떠올리게 한다.

감독의 영화적 이상과 그의 사이에 매개체로서 영화 관계자들(스태프, 배우, 제작자 등등)이 자리하고 있다. 복잡한 욕망으로 뭉쳐 있는 그 매개체의 물성을 거쳐야만 그는 자신이 꿈꾸는 영화적 이상에 구체적으로 도달할 수 있다. 하지만 그와 한 몸이 아닌 영화 관계자들은 자의적으로 움직일 수밖에 없다. 자기 방식대로 대상을 해석하고 가공하여 감독에게 그 결과물을 전달한다. 그런 변형의 과정을 받아들여야만 감독은 자신의 영화적 대상을 필름 안에 계속 담아낼 수 있을 것이지만, 르네 감독은 그 과정을 잘 견디지 못한다. 그는 이미 자신의 환상 안에서 대상과 밀착되어 있으며, 그 한가운데에는 이미 '무시도라'라고 하는 구체적인 대상이 영화적 이상의 현신으로서 자리하고 있었기 때문이다. '주체-스크린-대상'이라는 구도는 이처럼 조에와 르네 감독에게 각각 다른 방식으로 작동하지만, 공통적으로 '(의미의)결핍'이라는 결과를 가져온다. 그럼에도 불구하고 두 사람은 자신의 스크린이 지닌 한계를 인정하지 않고 오직 그 스크린이 뚫어질 때까지 바라보며 자신의 대상이 더욱 선명하게 드러나기를 기대할 뿐이다. 왜냐하면 그들은 대상에 대한 자신만의 '바라보는 방식'을 잊어버렸기 때문이다.

그들의 밀착된 시선 반대편에 서 있는 것이 바로 영화적 대상인 매기이다. 그녀는 자신을 향한 부담스러울 정도의 주목을 싫어하지 않는 것 같다. 왜냐하면 그녀는 홍콩 상업영화의 살인적인 스케줄을 소화해내며 아시아뿐만 아니라 할리우드와 프랑스 영화계에까지 알려질 정도의 대중적 스타가 되었지만, 〈동사서독〉과 같은 영화를 찍으며 잠시 느낄 수 있었던 '아티스트' 혹은 '영화적 뮤즈'와 같은 감각을 〈폴리스 스토리〉 시리즈 같은 상업영화에서는 느낄 수 없었기 때문이다. 자신이 태어난 영국에서 처음 모델 일을 시작했고, 동양인이라 언제나 '세컨드 초이스'의 대상에 머물러 있는 것에 한계를 느껴 홍콩으로 건너갔으며, 1983년에 미스 홍콩 선발대회에서 '아군(亞軍, 2위에 해당함)'에 입상해 홍콩 영화계에 입성하게 된 그녀는 자신을 바라보는 시선 속에서 '스타'로서 자기 이미지를 완성해나갔다. 하지만 그것이 그저 엔터테인먼트 산업 속에서 쉽게 구체화시킬 수 있는 무언가라면, 그것은 당연하게도 쉽게 소비될 수밖에 없는 것이 될 수밖에 없다. 이미 자신이 소진되기 시작했다고 느꼈던 20대 후반에서 30대 초반에 매기는 자신을 '쉽게 사라지지 않는 뮤즈'로 만들어주었던 왕가위 감독이나 관금붕(〈완령옥〉 연출) 감독의 시선을 다시 한번 느끼고 싶었을 것이다. 그래서 그녀는 자신을 '이마' 혹은 '무시도라'로 호명해주는 감독의 기대에 부응하고 싶었던 것 같다.

하지만 앞서 언급했던 것처럼, 그녀를 향한 '줌 인 카메라'는 초점을 잃게 된다. 그들의 조리개가 흐려지기 전에 나타나는 전조증상은 아마도 영화에 대한 '냉소주의'일 것인데, 그것은 주로 하나의 씬 내에서 앞 쇼트가 그다음 쇼트를 밀어내는(wipe) 방식의 연출로 재현된다.

첫 번째 '밀어내기' 씬은 영화 초반부에 등장한다. 감독의 '캣우먼' 콘셉트에 맞춰 매기에게 의상을 입혀보는 과정을 마친 뒤, 의상 담당인 조에는 매기와 함께 카페에 가서 영화에 대한 얘기를 나눈다. 그러던 중 르네 감독에 대한 얘기도 나오는데, 조에는 과거 화려했던 시절의 감독을 존경하기는 하지만 지금은 그가 '정신 나간 사람'일지도 모른다고 말한다. 그녀가 "예전엔 좋은 영화를 많이 만들었죠"라고 말하는 장면을 잡아내던 카메라는 마치 이 장면을 '밀어내는' 것처럼 오른쪽으로 이동해 "잘은 모르겠지만 정신이 나간 걸지도요"라고 말하는 그녀의 커다란 두 눈을 잡아낸다. 페이드아웃이나 컷이 아니라 '밀어내기' 방식으로 촬영해서, 마치 조에가 자신의 내면에서 '감독을 믿었던 자기 자신'을 퇴출시키고 있다는 느낌을 주는 것이다. 이 쇼트 다음에는 반대편에 있는 매기의 얼굴을 잡아내는 쇼트가 이어지는데, 감독에 대해 신뢰하는 그녀의 얼굴은 조에의 흐릿한 뒷모습에 의해 반쯤 가려져 있다. 즉, 조에가 자신의 내면에서 이 영화를 완전히 밀어내지 못하는 것은 감독과 자신 사이에 신비로운 환상으로 들어와 그 간극을 메우고 있는 매기 때문이라는 것이다.

다른 '밀어내기' 씬은 영화 중반부에 정신적인 문제 때문에(표면적으로는 아내와의 문제 때문인 것 같지만 실질적으로는 영화를 성공시켜야 한다는 감독의 강박 때문) 촬영에 참여하지 못하게 된 르네 비달에게 매기가 찾아갔을 때 나타난다. 르네 감독은 영화에 대한 자신의 이상을 '이마'를 통해 재현하는 일에 갑자기 회의를 느끼게 되었다고 매기에게 고백한다. 그도 조에와 마찬가지로 그 자신의 능력에 한계를 느끼지만, '이상적인 영화'와 그런 자신 사이의 결핍을 동양에서 온 신비로운 여배우가 채워줄 수 있다면 그의 영화는 지속될 수 있다고 믿었었다.

하지만 촬영이 이어지면서 그녀에 대한 환상이 90년대 프랑스의 영화적 한계들, 즉 할리우드와 홍콩 영화의 스펙터클이 '살아 있는 이미지'로 관객에게 인식되고 있는 상황에서 그에 대해 반박할 근거를 만들어내지 못하는 무기력함 같은 것들에 의해 의도치 않게 '편집'되어버리는 것 같은 느낌을 감독은 견뎌낼 수 없었다. 매기는 그런 감독에게 "(영화적 대상이나 이상에 대한) 욕망이야말로 영화를 만들어내는 밑거름"이라고 하며 자신이 '이마'로서 존재하기 위한 그 조건은 여전히 지속되고 있다고 감독에게 이야기한다. 하지만 그런 영화적 대상에 대한 욕망이 '껍데기'라고 믿게 되어 버린 감독은 매기에게 "당신은 (우리의 환상에서 영화적 이상이) 느껴져요? 난 모르겠네요."라고 하며 화면 왼쪽의 서재에서 오른쪽 거실에 놓인 의자로 이동한다. 이때 카메라는 앞서 언급했던 조에의 '밀어내기' 씬

이 그랬듯 이 장면 앞에 왔던 매기의 진지한 대답을 대화 안에서 바깥으로 밀어내버리는 것처럼 재현하고 있다.

감독은 더 이상 지속되기 어려운 이 환상 속에서 자신의 대상을 바꾸는 것이 아니라 스스로 한 걸음 물러나 버린다. 아내에 대한 학대 혐의로 조사를 받은 뒤 장기간의 정신과 치료를 받게 되면서 영화 연출을 할 수 없게 된 그는 자신의 영화 바깥으로 밀려나고, 매기는 '이마'로서 그대로 남아 있는 것이다. 이 영화의 구심점인 르네 감독이 그렇게 사라지려 하자 매기는 불안해질 수밖에 없다. 그리고 이때부터 올리비에 아사야스 감독의 핸드헬드 카메라는 그녀가 '이마'가 되기 위해 '매기'와 '동양인'과 '스타'라는 자신의 다른 자아들을 흐릿하게 만드는 과정을 분주하게 담아낸다.

감독과의 대화 장면 바로 다음에 나오는 호텔(매기의 숙소) 시퀀스에서 매기는 영화 촬영 때 입었던 타이트한 가죽옷을 입고 중앙 통로를 조심스럽게 걷는다. 〈흡혈귀 강도단〉에서 나왔던 장면을 비슷하게 재현하는 그 상황에서 그녀는 한 여배우의 방을 엿본다. 매기와 마찬가지로 영화 촬영을 위해 해외에서 이곳에 도착한 것으로 보이는 그녀는 알몸 상태로 누군가와 통화 중이다. 여배우는 수화기 너머의 상대에게 자신을 만나러 와 달라고 거의 간청하는 상태이지만, 상대는 그 요청을 단호하게 거절하고 있는 것 같다. 마치 바로 앞 장면의 매기와 르네 감독을 떠올리게 하는 그 순간에 매기는 여배우의 화장대에 있는 목걸이를 훔쳐 그녀의 방 바깥으로 빠져나온다. 이후 매기는 자신이 지나온 길을 거쳐 비상 통로로 나와 계단을 올라가고, 비를 맞으며 옥상에 도착해 손에 들고 있던 목걸이를 건물 바깥으로 던진다. 흔들리는 카메라는 이 과정을 자각몽(lucid dream)처럼, 말 그대로 '선명한 꿈'처럼 그려낸다. 밝은 조명이 켜진 옥상, 자신의 역할에 강하게 몰입한 매기의 얼굴, 작위적이라고 느껴질 정도로 앞뒤가 너무 잘 맞는 서사 등등. 매기의(그리고 매기를 향한) 흔들리는 시선이 바라보고 있는 것은 지나칠 정도로 선명하게 느껴지는 환상이다. 오직 '이마'를 구체화시키기 위해 그녀의 나머지 요소들은 흐릿해진다. 그녀가 여배우의 방에서 훔쳐온 것이 그 배우가 가진 '매력'이라고 한다면, 매기는 그것을 훔쳐온 뒤에 옥상에서 버리는 과정을 통해서 그 사물화된 가치의 '껍데기'를 벗기고 '알맹이'를 취하려는 것 같다. 자기 자신의 이미지에서 대상화된 부분들을 벗겨내고 그것을 다시 '쉽게 이해할 수 없는 것'으로 환원시키는 것. 그리고 그 알맹이가 영화라는 이데올로기를 향해 멈추지 않고 전진하는 '과정'에서만 일시적으로 발견된다는 것. 이것은 일견 이 영화의 감독인 올리비에 아사야스가 장만옥이라는 배우를 통해 이야기하고 싶었던 것의 핵심처럼 느껴진다.

그러나 이 장면만으로 그것을 확신해서는 안 된다. 왜냐하면 그녀의 '도둑질' 시퀀스는 영화에 대한 르네 감독의 환상이 무너져내

　　　　　　　아이러니스트, 영화관에 가다

렀을 때 그것을 보완하기 위한 환상으로서 나타난 것이며, 이것은 1900년대부터 90년대까지의 프랑스 영화(혹은 영화의 역사 그 자체)를 관통하며 이어진 '오래된 미래'에 대한 사유와는 조금 거리가 있는 것처럼 보이기 때문이다. 이러한 결론은 영화에 대한 르네 감독과 매기의 환상에 대한 명명 행위, 즉 영화에 대한 그들의 증상을 의미화하는 과정으로 끝나 버릴 수도 있다는 것이다.

3. 스크래치된 대상과 엔딩 크레딧

이러한 의미화를 뒤집는 것이 바로 영화의 결말 부분에 등장하는 르네 감독의 미완성된 영화이다. 실험적이고 기괴한 느낌을 주는 이 〈흡혈귀 강도단〉 리메이크 작품의 미완성본은 분명 르네 감독과 매기의 환상을 물질화할 뿐만 아니라 그것을 물질화한 시선(관객의 시선, 즉 우리의 시선으로 가정된 그 시선) 자체를 물질화하고 있기 때문이다. 정신과 진료로 인해 영화 촬영을 거의 포기하게 된 감독을 대신해 영화 제작사에서는 새로운 감독(조세 무라노)을 섭외하고, 그는 전임 감독이 '이마'로 섭외한 매기 대신 조연이었던 프랑스 여배우에게 그 역할을 맡기려고 한다. 1900년대 프랑스 영화는 오랜 혁명과 왕정복고라는 '역사'의 맥락에 의해 탄생한 것이며, 그것을 외국인이 재현한다는 것은 불가능하다고 그는 생각했기 때문이다(물론 그가 그렇게 생각하지 않았다고 하더라도 매기는 다른 영화 촬영 스케줄로 인해 제작사와 약속된 계약 기간을 넘기면서까지 촬영할 수가 없었다).

이렇게 르네 비달 버전의 〈흡혈귀 강도단〉 리메이크작이 조세 감독에게 넘어가면서 르네 감독과 매기는 이 영화에서 완전히 퇴장하게 되는데, 촬영 작업에 착수하기 위해 조세 감독은 전임 감독의 이전 작업물을 확인하게 된다. 그리고 거기에 담겨 있는 것이 일반적인 이미지들이 아니라는 걸 바로 알아차리게 된다. 주인공 이마의 눈에서 광선이 뿜어져 나오듯 스크래치가 그어져 있고, 무성영화로 계획되어 있던 이 영화에 이마의 비명이 사이키델릭하게 편집된 채 부분적으로 담겨 있으며, 의미 불명의 도트와 선과 낙서가 장면 곳곳을 뒤덮고 있었기 때문이다. 마치 표현주의 영화나 MTV의 스테이션 ID 영상[15]을 떠올리게 하는 난해한 이 작업물은 그것을 만든 르네 감독의 의도를 쉽게 짐작할 수 없게 만들어져 있었다. MTV가 자신의 영상물들을 통해 음악을 '듣는 대상'에서 '보는 대상'으로 만든 것처럼, 이 영상물도 영화를 '보는 것'에서 다른 어떤 행위로 바꿔 놓

---

15 '스테이션 ID'는 '방송사'를 뜻하는 Station과 식별, 확인, 동일시 등을 의미하는 Identification의 약자인 ID의 합성어이다. 1980년대 MTV에서는 이러한 스테이션 ID 영상을 우스꽝스러움과 기괴함이 혼합된 이미지들을 채워 넣은 의미 불명의 영상으로 제작했다. 이를 통해 아방가르드 예술에서 추구한 영상미학을 상업적으로 받아들인 자신들의 방식을 시청자들에게 각인시켰다.

아이러니스트, 영화관에 가다

는 것처럼 보이기까지 한다. 하지만 그러한 '다른 어떤 행위'가 무엇인지 관객은 명확하게 인지할 수 없다. 이 스크래치는 '(영화적인 것에 도달하는 과정의) 포기'일 수도 있고, 과거(1900년대)와 현재(1990년대)의 영화를 정의하려는 모든 시도를 무위로 돌리고자 하는 르네 감독의 '완성'일 수도 있다. 이러한 해석들 앞에서 조세 감독이 무엇을 선택할지에 대한 것은 분명한 빈칸으로 남아 있다. 르네 감독의 미완성본 영화가 끝나는 즉시 그들 전부를 바라보는 올리비에 아사야스의 이 영화 〈이마 베프〉의 엔딩 크레디트가 올라오기 때문이다.

조세 감독도, 그리고 이 모든 과정을 함께 지켜본 〈이마 베프〉의 관객들도 불쾌감을 느꼈을 것이다. 왜냐하면 1900년대 영화에 대한 동경, 90년대 영화에 대한 애증, 장만옥이라는 배우에게 갖고 있었던 향수뿐만 아니라 그것을 바라보았던 우리의 시선까지 모두 스크린 바깥으로 튕겨 나오기 때문이다. 응시의 대상에 대한 욕망이 자신에게 돌아왔을 때 우리는 당혹스러울 수밖에 없다. 그러나 그 과정을 통해 우리는 대상과 이전과는 다른 방식으로 관계를 맺을 수 있게 된다. 대상에 대한 우리의 응시가 우리 자신의 욕망에 의한 것이 아님을 깨닫게 되는 순간이기 때문이다. 앞서 언급했듯이 '이마'라는 대상은 '무시도라'와 '동양인 여배우'와 '소녀'에 대한 욕망을 모두 담고 있는 기표다. 이마와 마찬가지로 지금 이 영화 〈이마 베프〉

역시 1900년대에 영화적이었던 것과 90년대에 영화적이었던 것, 그리고 지금 우리가 영화적인 것이라고 여기고 있는 그 각각의 의미들을 모두 포함하고 있다. 하지만 이 영화는 자신에게 중첩된 욕망들을 관객에게 모두 현시함으로써 자신이 보여주고자 하는 '영화적인 것'이 '텅 빈 개념'임을 드러내고 있다. 이것을 영화에 대한 올리비에 아사야스 감독의 '파산선고'라고 부를 수 있을까? 만약 그런 사람이 있다면, 아마도 매기에게 "푸 만추[16]에게 '이마' 역할을 맡길 수는 없지"라고 했던 조세 감독 한 명뿐일 것이다.

4. 절반만 말해진 미래

⟨이마 베프⟩는 '영화의 끝'을 얘기하고 있지 않다. 다만 영화라는 기표에 포함된 모든 의미들을 분리하여 그것을 조립 가능한 상태로 관객 앞에 늘어놓고 있을 뿐이다. 이를 통해 감독은 우리에게 '미래의 영화'에 대한 자신의 관점을 관객들에게 제시한다. 미래의 영화는 완성된 것이 아니라, 우리가 과거의 기표들을 조립해 나가는 그 과정을 통해서만 새롭게 정의될 수 있다는 것이다. 만약 그것들을 연결하는 상상력이 지금 고갈되어 있을지라도, 그것이 '새롭게 조립

---

16   영국의 작가 색스 로머가 창조한 세계 정복의 야망을 가진 중국인 악당 캐릭터로, 서양인들의 동아시아인에 대한 대표적인 '부정적인 스테레오타입(Yellowface)' 중 하나인 인물이다

가능한 것'이라는 사실을 깨닫는 것만으로도 우리는 영화를 오래전의 방식으로 보는 행위를 답습하지 않게 될 것이다. 과거의 실패가 여러 가지 방식의 과잉들로 도출되는, 그래서 과거에 우리가 배척했던 비합리적인 개념들마저 새로운 욕망의 키워드로 재등장하고 있는 지금. 단지 역사의 바깥으로 밀려났던 방식들을 반복하는 것만으로는 아무것도 얻을 수 없다는 걸 올리비에 아사야스 감독은 이야기하고 싶었던 게 아닐까?

과거의 장만옥은 지금 우리에게 다가와 '너의 영화는 무엇이었니'라고 묻고 있다. 그것에 성급하게 대답할 필요는 없다. 이 질문에 포함된 과거의 향수를 즐기기도 하고, 또 실패를 곱씹어보기도 하면서 우리에게 어떤 욕망이 새롭게 피어날지 기다려보는 게 좋을 것이다. 왜냐하면 우리가 어떤 대답을 들려준다고 해도 장만옥은 우리가 명명한 현재의 바깥으로 잠시 물러났다가 또다시 우리가 현재에 갇혔을 때 수수께끼의 방식으로 돌아올 것이기 때문이다. 그렇게 장만옥은 지금, '절반만 말해진 미래'를 들고 우리 앞에 서 있다.

2부

'내 꿈'을 이루게 도와줄래?

〈디어스킨Deerskin〉(캉탱 뒤피외, 2019)

2019년에 주목받았던 영화 중 하나인 〈경계선〉(알리 아바시)에서 주인공 티나는 '나는 누구인가'에 대한 답을 찾기 위해 필사적으로 타인과 자신의 차이에 대해 이해하려고 한다. 인간이 아닌 것(트롤)으로 태어난 그녀는 인간들 속에서 직업을 갖고 가족을 갖고 자신의 공동체를 갖기 위해 스스로에게 '인간이 되기'를 끊임없이 주문했지만, 그 강박의 무게를 버틸 수 없었던 시점부터는 '인간이 아닌 것'이 무엇인지를 자기 안에서 찾아 나갈 수밖에 없었다. 이것은 평범한 광대에서 '조커'로 거듭난 아서 플렉(〈조커〉, 2019)과 조각난 자기의식의 심연 사이에서 '비스트'를 꺼낸 정신병자 케빈(〈글래스〉, 2019)의 경우에도 마찬가지였다. '나'를 정의하지 않으면 나 자신은 어떤 시간과 공간 속에서도 존재할 수 없기 때문에, 그들은 '인간'을 대체할 무엇인가를 자신의 내면에서 찾아야만 했던 것이다. 일상이라는 맥락 안에서 우리는 의심할 필요도 없는 '인간'이었다. 그러나 어느 순간부터 우리는 스스로에게 '나는 누구인가(나는 인간인가)'를 물어볼 수밖에 없는 처지에 놓이게 되었다. 영화는 인간과 인간 아닌 것의 경계로 몰리고 있는 우리에게 가짜 답을 알려주는 대신, 애써 피하려고 했던 그 질문을 스크린 속에서 계속할 것을 권한다.

캉탱 뒤피외 감독의 〈디어스킨〉은 연쇄살인범의 행적을 냉소적인 유머와 스릴러 기법을 오가는 방식으로 담아낸다는 점에서 라스 폰 트리에의 〈살인마 잭의 집〉(2018)을 떠올리게 한다. 과대망상에 가까운 자연주의를 통해 자신의 행위를 순수를 지향하는 예술로 완성해나가려는 주인공의 실패를 묵직한 음향들이 드문드문 망치로 가볍게 두들기듯 스치고 지나가는 것을 발견할 때 우리는 두 영화가 닮아있음을 느낄 수 있다. 그런데 그보다 더 돋보이는 유사점은 이 영화를 이끌어가는 것이 주인공과 '사람 아닌 것'의 대화라는 점이다. 〈디어스킨〉에서 조르주는 자신이 입고 있던 멀쩡한 재킷을 버리고 남아 있던 전 재산을 털어 구입한 100퍼센트 사슴가죽으로 만든 재킷과 대화하며 범죄를 모의한다. 〈살인마 잭의 집〉에서는 주인공 잭이 자신을 저승으로 인도하는 유령 같은 인물 '버지'에게 살인에 대한 자신의 모든 경험과 논리들을 (버지의 물음에 대해 답하는 형식으로) 고백한다. 이 두 주인공들에게 말을 걸어온 타자는 현실

아이러니스트, 영화관에 가다

의 서사에 난 구멍을 통해 들어온 자기 자신의 '분신'들이다. 슬라보예 지젝이 허구의 기원은 현실로부터의 도피에 있는 것이 아니라 주체가 일관된 현실에 접근할 수 있도록 배제되어야만 했던 실재의 귀환에 있다[17]고 했던 것처럼, 이 분신들은 현실 속에서 더 이상 지속될 수 없는 주인공들의 일상이라는 서사를 '다른 방식'으로 지속시키기 위해 그들에게 돌아온 자기 자신인 것이다. 현실 속에 남아 있는 주인공들이 현실 바깥의 자신(으로 여겨지는 이)에게 '나는 누구인가'라고 묻기 시작할 때 관객들은 자신들의 일상 어딘가도 이미 무너져 있음을 알아챌 수밖에 없게 된다.

그런데 〈디어스킨〉의 주인공 조르주는 가죽재킷이 자신에게 걸어오는 말을 못 듣거나 무시하고 넘어갈 뻔하기도 했다. 44세, 아내를 버리고 집을 나온 남편, 전 재산 7,300유로(한화 약 1,000만 원)로 가죽재킷을 구입하고 거지가 된 남자. 영화는 조르주에 대한 이 이상의 정보를 제공하지 않는다. 그는 직장에서 해고되었거나, 이웃에게 사기를 당했거나, 혹은 결혼생활의 권태감이 극에 달해 자신과 아무 상관없는 곳으로 도망 온 조금은 별난 중년 남성 같은 것으로 남을 수도 있었다. 잠깐 정신이 나가 7,000유로짜리 재킷을 샀다고 하더라도, 그가 그 정도에서 만족하고 잠깐 방황하다 집으로 돌아왔

---

17   슬라보예 지젝,『진짜 눈물의 공포』, 오영숙 외 옮김, 울력, 2004, 180쪽

다면 그는 재킷의 목소리를 듣지 않거나 무시해도 되었을 것이다. 어쩌면 가죽재킷에게 목소리를 부여한 것은 재킷 주인이 조르주에게 공짜로 넘겨준 '캠코더'였을지도 모른다. 조르주는 숙소 근처의 술집에 갔을 때, 멀찌감치 떨어진 곳에서 얘기를 주고받는 젊은 웨이트리스(드니스)와 중년 여성이 자기 가죽재킷의 '죽여주는 스타일'을 칭찬하고 있다고 착각했다. 그의 시시껄렁한 자랑을 좀 더 들을 의향이 있던 중년 여성(그녀가 매춘부인 것을 나중에 친해지게 된 드니스가 알려주었다)은 조르주에게 직업이 뭐냐고 물었고, 캠코더는 그때 조르주의 알리바이가 되어주었다. 그는 그녀에게 '영화감독'이라고 자신을 소개한 것이다.

가죽재킷은 세상에서 유일무이한 가치를 가진 조르주만의 보물이었다. 그러나 그 가치를 남들에게 설득시키기 위해 그는 다른 것들이 필요하게 되었다. 자신은 이 가죽재킷을 고를 정도의 심미안이 있는 특별한 사람인데, '영화감독'이라는 직업은 그런 자신에 대한 적절한 정보가 되어줄 수 있었던 것이다. 그는 그때부터 '보는(발견하는) 사람'에서 '보여지는 사람'이 되어 가기 시작했고, 다음 날 아침 쓰레기통을 뒤져 아침식사를 해결하던 자신을 멀리서 지켜보던 소년에게 분노를 드러낼 때에는 타인에 대한 의식이 이미 피해망상에 가깝게 변해 가고 있었다. 가죽재킷은 그때부터 그에게 '이 세상에서 재킷을 입은 유일한 사람으로 남아라'라고 자신의 소원을 이야기하기 시작하고, 조르주도 그것을 무시할 수 없었다.

웨이트리스인 드니스는 공교롭게도 영화 편집 일을 했던 경력이 있었다. 그녀는 '재킷 입은 유일한 사람' 프로젝트의 첫 희생양으로 조르주에게 지목되었지만, 순순히 그에게 재킷을 벗어준 뒤에 그의 편집자로서 일하게 된다. 조르주는 오직 그녀의 재킷을 빼앗기 위해 영화촬영에 대한 거짓말을 하며 스카웃 제의를 한 것이었지만, 그녀는 그의 광기에서 '영화적인 매력'을 발견하고 그에게 돈까지 줘 가며 조력자 역할을 하기로 마음먹었던 것이다. 조르주가 재킷 도둑에서 살인마로 진화한 것은 그녀 덕분이었다. 드니스는 그에게 "액션과 피가 더 필요해요"라며 그의 '창작 욕구'를 북돋워줬기 때문이다. 재킷의 목소리가 타자의 욕망을 욕망하는 자기 자신의 목소리였다면 드니스의 목소리는 더 분명하게 들리는, 더 이상 충동의 차원이 아니라 현실에서 들려오는 타자의 목소리였다. 그녀는 시간 순서가 뒤죽박죽인 타란티노 감독의 영화 〈펄프픽션〉(1994)을 본래 시간대로 돌려놓았을 때 영화가 '후지게' 변하는 것을 알고 있었으므로, 현실 감각이 뒤죽박죽된 조르주의 서사에서 매력을 느낄 수밖에 없었던 것이다. 섬뜩하리만치 빛나는 두 사람의 시너지는 영화 후반부로 가며 그들을 다시는 돌아올 수 없는 곳으로 데려간다. 그들은 '영화적인 것'을 쫓다가 결국 자신들의 영화에 갇혀 버리고 만 것이다.

77분이라는 짧은 러닝타임은 군더더기 없는 서사와 기발한 연출

덕분에 거의 30분 정도로까지 느껴진다. 그리고 영화가 끝난 뒤 극장 바깥으로 나왔을 때, 나는 추위 속에서도 코트를 잠시 벗을 수밖에 없었다. 내가 걸치고 있는 모든 것들이 얼마간 거추장스럽게 느껴졌기 때문이다. 현실 속에서 조르주가 "코트 좀 벗어주시겠습니까"라고 묻진 않을 것이다. 그러나 내가 입고 있는 코트, 즉 타인에게 인정받으려는 왜곡된 욕망 같은 것들이 내 온몸을 감싸고 있다는 것을 알아차리게 된다면 우리는 잠시 날것으로 있고 싶어질 것이다. 누군가 나에게 바라는 이름들로 가득 차 있는 일상이라는 장소. 거기에 '네 꿈'이 아니라 '내 꿈'은 몇 개나 되는지, 영화 〈디어스킨〉은 우리에게 점잖지 않은 표정으로 묻고 있다.

아이러니스트, 영화관에 가다

상처와 망각 사이에서

〈온다来る〉(나카시마 테츠야, 2018)

빽빽한 숲을 천천히 부감하는 카메라 쇼트를 젊은 남녀의 따뜻한 대화 신이 천천히 따라붙는다. 택시를 타고 남자의 고향으로 가는 예비부부의 설레는 마음을 그려내는 것 같은 이 장면을 부드러운 클래식 음악이 감싸고 있지만, 이것은 전혀 다른 두 세계를 이어붙인 이야기의 기묘한 시작 지점이다. 남자의 꿈속에서 끊임없이 등장하는 여자아이. 그리고 부부 사이에서 곧 태어나게 되는 여자아이. 이 아이들이 가고 싶어 했던 '산'. 가족과 직장 동료들의 축하와 격려에도 불구하고 산에 대한 아이들의 끌림은 끝없이 이어지는 숲의 심연과 이어진 듯해서, 불안은 남자의 일상의 밑바닥을 천천히 긁어대기 시작한다.

사와무라 이치의 장편소설 『보기왕이 온다(ぼぎわんが来る)』를 영

화화한 나카시마 테츠야 감독의 〈온다〉는 각색된 부분이 많지만 큰 흐름은 원작을 따르고 있다. 산골 마을에서 병든 할아버지와 어린 시절을 보낸 주인공 히데키는 제과 회사 영업사원으로 일하다가 거래처인 대형 마트에서 일하던 카나를 만나 결혼한다. 그런데 어릴 적 자신을 찾아왔던 형체 없는 귀신이 꿈속에서 여자아이의 모습으로 나타나고, 카나가 아이를 낳은 뒤에는 그것과 관계된 것처럼 주변에 끔찍한 사건(회사 후배의 죽음)이 일어난다. 얼마 후에는 엉망진창인 거실을 그대로 두고 공포에 사로잡혀 방에 틀어박힌 카나를 발견하게 된다.

그는 민속학 교수인 고향 친구 다이고(소설에서는 가라쿠사)를 만나 귀신의 정체로 추측되는 '보기왕(간코 혹은 가고제[18])'에 대해 들은 뒤 이 귀신을 물리치기 위해 노자키(오컬트 전문 기자)와 그의 애인인 마코토를 소개받는다. 마코토는 히데키와 카나의 내면에 생긴 빈틈 때문에 '그것'이 찾아오는 것이기 때문에 아내와 딸을 소중

18　원작 소설의 작가인 사와무라 이치가 인용한 『일본영이기(日本靈異記)』(일본에서 전해지는 가장 오래된 설화집. 국내 번역판은 '도서출판 씨 아이 알'에서 출간됨)에는 야마토 아스카 지방에 있었던 절인 간고지(元興寺)에서 고약한 짓을 벌이다 죽어 귀신이 된 어느 하인 이야기가 나오는데(국내판 27~30면) 소설에서는 출몰한 지역과 비슷한 이름을 갖게 된 이 귀신이 전국 각지에서 나타나며 간코 전설이 퍼져나갔다고 언급되고 있다. '보기왕'은 영어 '부기맨'을 음차한 것으로, 아즈치모모야마시대(1568~1603)에 일본에 들어온 외국인 선교사들이 가져온 설화에 등장하는 형체가 없는 괴물이라고 소설에서 언급된다. 그리고 이 부기맨처럼 특정한 형체가 없었던 귀신인 간코(가고제)를 선교사들에게 보기왕 전설에 대해 들었던 사람들이 보기왕으로 부르기 시작했다고 한다.

히 대하면 귀신을 막을 수 있다고 하지만, 히데키는 마코토의 말을 무시하고 집에 돌아온다. 그러나 노자키와 마코토는 히데키를 설득하여 퇴마 절차를 수행한다. 여러 방법을 시도하며 '그것'의 침입을 막아보려 하지만 속수무책으로 당하기만 하고, 그 과정에서 히데키는 자신이 알지 못하는 어떤 '진실' 때문에 이 사건이 시작된 것이라는 사실을 깨닫는다.

영화와 소설의 가장 큰 차이는 '그것'이 찾아오는 원인에 대한 설명이다. 소설에서는 히데키의 할머니인 시즈가 남편인 긴지에게 복수하기 위해 집에 가지고 온 마도부(귀신을 부르는 부적) 때문에 '그것'이 찾아온 것이며, 긴지가 죽은 뒤에도 히데키에게까지 '그것'이 계속 따라붙는 것으로 설명하고 있다. 긴지는 가족들에게 시도 때도 없이 폭력을 휘두르다 어린 딸(히데코)과 아들(히사노리)을 죽였지만 시즈는 남편이 무서워 이 사실을 누구에게도 알리지 않았고 막내딸 스미에(히데키의 어머니)에게도 비밀을 지켜 달라고 부탁했다. 그러나 분노는 지워버릴 수 없었으므로 시즈는 마도부를 집에 몰래 가져왔고, 긴지는 그때부터 죽는 순간까지 '그것'에게 시달려야 했다는 것이다.

영화에서는 카나를 자기 것으로 만들기 위해 다이고가 히데키에게 준 마도부가 원인이 된다. 이전에도 히데키를 찾아오던 '그것'은 다이고의 부적 때문에 더 쉽게 그의 집에 드나들게 되며, 결국 히데키 부부와 딸(치사)의 일상은 처참하게 무너진다. 그런데 영화와 소설에서는 공통적으로 위의 두 가지보다 더 큰 원인으로 다른 것을 보여주고 있다. 그것은 앞서 마코토가 히데키에게 경고하기도 했던 '마음의 빈틈'이다.

히데키는 카나에게 '아이를 낳아 소중하게 키우자'고 몇 번이나 얘기한다. 그는 자신의 꿈에 찾아오는 여자아이가 무서워서 다른 여자아이를 그 꿈 위에 덮어씌우고 싶었을 것이다. 그의 육아는 강박적일 수밖에 없었고, 육아 블로그에 글 쓰는 일과 육아 카페 동료들과 정보를 교환하는 일은 그의 삶의 전부가 되었다. 그러나 일상의 빈틈은 여기서부터 생기기 시작했다. 그는 육아라는 현실의 '고통'을 망각하고 있었다. 아이의 투정을 달래는 일, 아이가 병에 걸리거나 다쳤을 때 가까이에서 자신도 아파하는 일을 모두 카나에게 미뤘다. 현실이 이상과 일치해야 했고, 그것이 무너지면 또다시 꿈속으로 '그것'이 찾아올 것이었다. 그래서 그는 필사적으로 자신의 삶 위에 블로그의 '밝은 기운'을 덧칠해야만 했다. 결국 치사가 머리를 다쳐 병원에 가야 했을 때 카나는 히데키에게 울분을 터뜨릴 수밖에 없었고, 히데키는 그런 아내에게 "고작 하나 낳았을 뿐인 주제에"라고 음산하게 중얼거리고 있었다.

카나는 히데키가 살아 있었을 때에는 육아의 고통을 감내하고 어떻게든 그것과 직면하며 일상을 이어가려고 했다. 그러나 히데키를 잡아먹은 '빈틈'은 그가 죽은 뒤 그녀의 내면에도 스며들었다. 원망의 대상이 사라지자 결핍은 점점 '그것'과 닮아가기 시작했고, 대형마트 점원 일을 하며 육아를 감당할 수 없었던 그녀는 곧 남편처럼 육아라는 현실을 망각하게 된다. 그러나 남편이 '그것'을 '밝은 기운'으로 억지로 막으려고 했던 것과는 반대로, 카나는 '그것'의 목소리에 동화되어 일상에서 반쯤은 발을 빼고 다이고의 유혹을 받아들여 화려한 치장을 하고 그를 만나러 간다.

오컬트 전문 기자 노자키와 호스티스 일을 하는 퇴마사 마코토, 그리고 그녀의 언니 코토코가 '그것'에게 끌려간 치사를 데려오기 위해 부부의 아파트로 소환된다. 노자키에게는 아이를 갖지 못하는 현실(소중한 것을 잃는 것에 대한 강박)때문에 예전 여자친구와 이별할 수밖에 없었던 상처가 있고, 마코토에게는 과거의 '바보같은 짓거리(복부에 생긴 상처)' 때문에 아이를 갖지 못한다는 상처가 있으며, 코토코에게는 무녀로서의 숙명이라는 상처가 있다. '그것'의 기원을 밝히기 위한 큰 단서로 제공되는 것이 '전설(보기왕 전설)'[19]임을 감안했을 때, 이와 같은 설정은 우연이 아니다. 그들은 '트릭스

19　소설에서는 보기왕 전설이 히데키 부부가 결혼 전에 찾아갔던 '고다카라(子宝)' 온천과 관계되어 있으며(실제로 존재하는 지명이지만 보기왕 전설은 허구이다), 과거에 이 지역에서 끔찍한 가뭄으로 먹을 것이 없을 때 주민들이 아이들을 산속에 있는 보기왕에게 바쳤다는 전설이 남아 있는 것으로 나와 있다.

터', 즉 '보이는 세계와 보이지 않는 세계를 중개하는 인물'[20]이다. 그들은 상처 때문에 일상에서 계속 튕겨져 나온다. 그리고 그 덕분에 두 세계를 오갈 수 있게 된다. 그들은 히데키처럼 상처를 망각하거나 카나처럼 자신을 상처와 동일시할 수 없다. 그래서 그들은 부부의 '떠도는 빈틈'인 딸 치사를 찾아낼 수 있었고, 그것과 대적할 수 있었다. 그런데 셋 중 가장 강한 코토코는 아이와 관련된 직접적인 상처는 없다. 그녀는 노자키와 마코토보다 더 현실과 단절된 상태이므로, 현실의 '증상'으로 나타난 여자아이를 오직 이세계로 밀어내야 하는 위험한 존재로 볼 수밖에 없었다. 그러나 노자키와 마코토는 아이를 사랑했다. 설령 그것이 처음에는 가질 수 없는 것에 대한 집착(마코토) 혹은 강박(노자키)이었을지라도, 히데키 부부와 함께 지내며 둘은 인간의 삶을 진심으로 사랑하게 되고 그들의 삶에 '개입'할 용기를 얻은 것이다. 이 작은 차이에 의해 치사의 운명이 결정된다. 현실의 원리로는 풀 수 없는 질문 그 자체인 아이. 세상이 망가지는 것을 막기 위해 대답을 보류하는 것도, 아니면 고통을 감내한 채 자신이 완벽할 수 없다는 '공백'의 감정을 끌어안고 질문에 답하는 것도 모두 '상처를 간직한 자'의 몫이다.

영화 곳곳으로 죽음의 이미지가 흘러 다닌다. 붉은색과 군청색 조

20　나카자와 신이치, 『신화, 인류 최고의 철학』, 김옥희 옮김, 동아시아, 2002, 170쪽.

명들이 희생자와 영웅들의 온몸을 감싸고 있고, 둘이 겹쳐진 보랏빛은 그 사이에서 규정할 수 없는 충동처럼 흘러나온다. 유령이 나오지 않는 영화 〈갈증〉(2014)에서 이미 보았던 색감이 반복되는 것이므로, 감독은 우리의 현실에 생물학적 죽음과는 다른 어떤 죽음의 기운이 상존하고 있음을 이전부터 이야기해온 것이라고 볼 수 있다. 히데키의 일상은 바로크 시대 화가들의 그림처럼 화사하고 따뜻하다. 그러나 백화점 상품처럼 포장된 일상의 아래에 검고 푸른 물들이 고인다. 포장지가 버티지 못하는 어느 순간에 그것들은 터져 나와 우리 중 누군가를 감염시킬 것이다.

아버지는 편지를 보내지 않는다

영화 〈컴 투 대디: 30년 만의 재회Come to daddy〉(앤트 팀프슨, 2019)

이제 아버지는 영화에서 권위적으로 등장하지 않는다. '소유' 혹은 '존재'의 문제에 있어서 아버지가 자식들에게 영향력을 끼칠 수 없게 되었기 때문이다. 봉준호의 〈기생충〉(2019)에서 생활력 없는 아버지(기택)는 아들(기우)에게 "가장 완벽한 계획이 뭔지 알아? 무계획이야"라고 당당하게 얘기하고, 이창동의 〈버닝〉(2018)에서 아버지(용석)는 죄수복을 입은 상태에서만 아들(종수)을 만날 수 있다. 그나마 연상호의 〈염력〉(2017)에서 이혼당한 아버지(신석헌)는 딸(신루미)을 공권력으로부터 구출해내기 위해 초능력이라도 쓴다.

　전 세계에 걸친 자본주의적인 내부공간, 즉 '구(球)'의 체계에서

'안(세계)'과 '바깥(개체)'을 연결하는 것은 '돈'이다.[21] 아버지는 여기서 가부장의 권위를 유지할 수 없다. 구의 주민들은 자신의 교환가치를 통해 소통하기 때문이다. 이제 우리는 누군가의 자식임을 알리는 기표인 '이름'을 버리고, 그 자리에 '정가(定價)'를 붙여야 하는 처지에 놓였다. 아버지는 자식과 세계를 연결해주는 역할을 할 수도 없고, 할 필요도 없게 되었다. 그리고 이제 그 세계 속에서 둘의 관계를 설명해주는 단어는 '경쟁자'가 될 수밖에 없다. '구'에 남은 자리는 한정되어 있고, 아버지와 아들 사이의 믿음을 보장해주는 무언가가 이 세계에 거의 남지 않기 때문이다.

앤트 팀프슨 감독의 〈컴 투 대디: 30년 만의 재회〉는 그런 아버지에게 편지를 받은 주인공 '노발'의 불안으로부터 시작한다. 노발의 아버지는 30년 만에 그에게 편지로 연락해온다. 양육을 포기한 아버지에 대해 어머니에게서 거의 들은 게 없어서, 그에게 아버지는 타인이나 다름없다. 30대 초중반쯤 되는 노발은 아버지의 도움 없이 성장한 나름 성공한 음악 업계 종사자이다. 베벌리힐스에서 살 만큼 금전적으로 부족함이 없었기 때문에 아버지 없이도 '어른'이 될 수 있었고, 딱히 아버지에 대한 결핍감을 느낄 이유가 없었다. 그런 그에게 아버지가 손수 편지를 써서 '꼭 찾아와줬으면 좋겠다'고 부탁

---

21 페터 슬로터다이크, 『세계의 밀착: 지구시대에 대한 철학적 성찰』, 정대성 외 옮김, 철학과현실사, 2007, 70쪽.

한 것이다. 그가 완전히 잊고 있었던 질문, '잘 팔리는' 전문가가 되며 한 번도 생각해보지 않았던 질문인 '나는 누구인가'에 대한 답을 어쩌면 아버지가 가지고 있을지도 몰랐다. 생각하지 않았다면 불안도 없었겠지만, 편지는 이미 그의 매끈한 일상에 균열을 만들고 있었다. 빼곡하게 적힌 글자와 '집으로 오는 지도'의 곡선들이 가리키는 곳. 숲속 깊이 자리한 별장으로 그는 의심에 찬 한 발을 내디딜 수밖에 없었다.

벽난로 앞 탁자에 체스판이 놓여 있다. 아버지가 주는 와인을 거부한(알콜 의존증 때문에) 노발은 자신에게 무례하게 굴며 "네 엄마랑 잤냐?"라고 묻는 아버지의 속내를 도무지 읽어낼 수 없다. 미열과 연기로 느슨하게 짜인 대화 위에 그가 '레지널드(가수 '앨튼 존'과의 친분을 드러내기 위해 노발은 그를 본명으로 부른다)'라는 체스 말을 올려놓는다. 나름 잘 나간다는 걸 자랑하기 위해서일 수도 있겠지만, 어쩌면 이미 '대결'이 되어 버린 아버지와 자신의 대화를 억지로라도 이어나가기 위해 어쩔 수 없이 레지널드를 꺼낼 수밖에 없었을지도 모른다. 그런데 비숍 이상은 될 거라고 생각했던 그 말을 아버지도 가지고 있다. 그는 자신이 레지널드의 운전사였다고 하며, 밤중에도 사적으로 전화를 할 만큼 친한 사이라는 것을 자랑하기 위해 레지널드에게 전화를 걸려고 한다. 그러자 노발은 아버지에게 "제발 전화를 걸지 마세요"라고 부탁하며 자신이 '아버지 같은 분'이라고 느꼈다던 레지널드와의 관계가 거짓이었음을 실토한다. 그러자 아버지도 자신과 레지널드의 얘기는 거짓이었다고 말한다. 둘의 대화를 중계한 것은 레지널드였다. 하지만 그 기표는 텅 비어 있다. 이미 체스판이 되어버린 노발과 아버지의 대화 속에서, 어쩌면 레지널드가 체스 말이 아니라 아버지와 아들이 레지널드의 체스 말이 된 것인지도 모른다. 왜냐하면, 서로에 대한 신뢰를 전제로 하지 않은 대화를 성립하게 하는 유일한 보증인이 바로 레지널드이며 노발과 아버지는 그와의 관계를 설명하지 않고서는 자신에 대해 아무것도 얘기할 수 없기 때문이다.

엎어진 말들이 치워진 뒤, 그들의 관계는 파국으로 치닫는다. 노발은 30년 만에 만난 아들에게 막말하고 치욕을 준 아버지를 더 이상 아버지로 여기기 어렵게 된다. 이제 노발에게 남은 것은 그를 숲속 오두막으로 이끈 질문뿐이다. '나'는 누구인지, 그리고 '아버지'는 누구인지. 또 아버지는 왜 이제야 자기 안에서 그 질문을 꺼낸 것인지. 그는 아버지에게 "왜 30년 만에 편지를 써서 나를 여기로 불렀죠?"라고 묻는다. 그러자 아버지는 그에게 "적당히 해 * * "이라고 욕설로 답하고, 노발도 '아들'이라는 자신의 역할을 붙들고 있기 어렵게 된다. 대화가 필요 없는 그들은 서로에게 분노를 퍼붓고, 마침내 아버지가 아들에게 식칼을 들고 다가오는 지경에 이르게 된다. 하지만 너무 흥분한 나머지 아버지는 노발의 멱살을 쥐다가 심장마비로

쓰러지고, 곧 숨이 멎는다.

보안관과 검시관이 다녀가고, 시체는 방부처리가 된 뒤 오두막으로 돌아온다. 홍수 때문에 저장고가 고장 나서 아버지의 시신을 놓을 자리가 없었기 때문이다. 그는 포대 속에 담긴 아버지와 하룻밤을 보낸다. 아버지의 옷을 입어 보고, 아버지의 서재에 꽂혀 있던 터무니없는 책(제목이 『천상의 예언』이다)도 읽어보고, 아버지가 바라봤을 해변과 바다를 바라보기도 한다. 그의 아버지는 분명 편지를 썼다. 휴대전화도 있고 인터넷도 있는 시대에, 아버지는 오두막으로 오는 지도까지 그려가며 꼭 아들을 만나고 싶다고 편지를 보냈다. 그런데 아버지는 그를 불러낸 이유에 대해 아무것도 말하지 않고 갑자기 죽어버렸다.

노발에게 남겨진 것은 아버지의 머릿속과 같은 오두막뿐이었다. 아버지에 대해 전혀 알지 못한 채 베벌리힐스로 돌아가도 그를 나무랄 사람은 없을 것이었다. 아니, 오히려 모르는 게 나을 수도 있었다. 아들에 대한 눈곱만큼의 존중도 없는 아버지에 대해 알게 된다고 해서 그가 아버지에 대한 결핍감, 혹은 자기 근원에 대한 결핍감을 해소할 수는 없을 것이기 때문이다. 아버지와 자신의 관계를 어떻게 해야 할지 정하지 못한 상태에서, 노발은 텅 비어 있는 아버지와 하룻밤을 보낸다. 그리고 모든 아버지의 비밀 상자들이 그렇듯, 오두막에는 '무기'와 '장난감(성인용)'들이 숨겨져 있다. 노발에게는 전부 위험한 물건들이었다. 왜냐하면, 그것들의 의미를 해석하는 순간 자신의 현실 자체가 파괴될 수도 있기 때문이다. 아버지의 죽음 위에 피어오르는 그 강렬한 의미들 속에서 노발은 망설이기도 하고, 애써 피하려고 와인을 들이켜기도 한다. 하지만 결국 그는 쇳덩어리로 막아 놓은 지하실 입구에서 들려오는 어떤 남자의 목소리를 따라갈 수밖에 없게 된다. 영화는 여기서부터 본격적으로 흥미로운 지점으로 돌입한다.

우리는 지금 아버지에 의해 규정되지 않는다. 그러나 아버지와 전혀 상관없는 세계에 살고 있다고 믿는 어느 순간에, 그는 내 안에서 불쑥 튀어나온다. 그것은 '취향'이나 '말투' 같은 사소한 방식으로 나타나기도 하고, '도덕감'이나 '윤리' 같은 복잡한 것으로 나타나기도 한다. 억압을 통해 우리를 사회로 진입시킨 전통적인 아버지를 절대적으로 옳거나 그르다고 판단할 수는 없다. 하지만 분명한 것은, '사라진 아버지'들이 우리에게 편지를 써 보내고 있다는 것이다. 우리에게 가격이 매겨지는 동안, 그리고 우리가 디지털 신호로 변환되는 동안 아버지는 우리 꿈속으로 편지를 보내고 있는 것이다. 그것은 설명되지 않는 감정들, 혹은 설명되는 것에 저항하는 감정들을 닮아 있기도 하다. 아버지의 오두막에서 우리가 만날 수 있는 건 진짜 아버지가 아닐 수도 있다. 그와 싸워야 할 수도 있고, 그에게 굴복해 우리의 현실을 모조리 갖다 바쳐야 할 수도 있다. 하지만 적어도 아버지는 여태껏 들려주지 않았던 간절한 음성으로, 편지라는 시대착오적이고 어색한 방식으로 우리에게 신호를 보내고 있다. 그는 우리가 누구인지에 대해 완벽하게 설명해줄 수 없겠지만, 적어도 가상에 중독된 우리의 몸속에도 '뜨거운 피'가 남아 있다는 사실은 확실하게 알려 줄 수 있을 것이다. SNS와 포털 사이트, 유튜브의 텅 빈 정보에 중독되어 삶의 전부가 시뮬레이팅 될 것 같다고 느끼는 이들에게 이 영화를 권하고 싶다.

영원한 모라토리움의 끝

〈주온: 저주의 집呪怨: 呪いの家〉(미야케 쇼, 2020)

축제는 학생들에게 있어 '시간과 공간이 멈춘 장소'이다. 교내 밴드가 평소에 갈고닦은 실력을 보여주는 흥겨운 축제뿐만 아니라, 교복 입은 두 소년이 서로를 죽을 만큼 때려도 쉽사리 끝나지 않는 주먹다짐도 '축제'에 해당한다. 그들은 '졸업'을 포기하려고 하지는 않는다. 하지만 자신들의 축제 안에 선생님과 부모님의 자리를 만들어두지도 않는다. 말하자면, 평가받지 않고 성장하고자 하는 것이다.

외계인 소녀 라무와 엉터리 고등학생 아타루의 코믹한 연애를 그리는 80년대 일본 순정만화 『시끌별 녀석들』(타카하시 루미코, 1978)의 두 번째 극장판 〈시끌별 녀석들2-뷰티풀 드리머〉(오시이 마모루, 1984)는 이것을 '시간의 무한 루프'로 표현한다. 시리즈에서 라무와의 관계에만 만족하지 않는 아타루가 다른 여자아이들과 가까워지려다 실패하고 매번 돌아올 때(그리고 라무가 그것을 용인해 주었을 때) 이미 그것은 축제 그 자체였지만, 영화에서 그들은 '정식 축제'인 학원제를 준비한다. 축제 전날까지 열심히 준비하며 잠들지 만, 아침에 일어나면 다시 축제 전날로 돌아와 있다. 다들 즐거우니 까 아무도 이 상황에 대해 의문을 품지 않는다. 하지만 반복되는 세 계에 질린 아타루가 이 모든 게 '라무의 꿈'임을 알게 되었을 때 그는 망설임 끝에 거기서 탈출한다. 미야케 쇼 감독의 청춘 영화 〈너의 새 는 노래할 수 있어〉(2018)에서도 비슷한 상황이 전개된다. "9월이 돼도, 10월이 돼도 이 계절이 끝날 것 같지 않았다"라는 청년 '나'의 고백은 서점에서 함께 일하는 '사치코'와의 연애라는 축제의 시작 지점부터 그 연애가 끝나는 시점까지 유효하다. 하지만 '나'가 사치 코에게 진심으로 "너를 사랑해"라고 고백하며 그녀를 붙잡을 때 그 들의 소우주에 갑자기 균열이 생긴다.

〈주온: 저주의 집〉은 그 균열에 대해 이야기하고 있다. 우리는 누 구나 설명할 수 없는 계절들을 품고 어른이 되지만, 어떤 사회는 그 것을 용인하지 않는다. 그건 가격을 매길 수 없기 때문이다. 다락방 에 쌓아 둔 지난 계절들을 버리지 않는 어른은 자신을 매물로 내놓 을 수 없다. 그럼에도 불구하고 우리는 '나'라는 건물을 부동산에 내 놓기 전에 우리 안의 먼지 묻은 계절들을 매입자에게 설명해주어야 한다. 그렇게 하지 않으면 나중에 그것들과 어떤 방식으로 마주치게

아이러니스트, 영화관에 가다

될지 모르기 때문이다. 미야케 쇼 감독은 '우리가 돌아갈 곳은 어디지'라고 묻는 것 같았던 사치코의 마지막 표정에 대해 어른의 얼굴로 답한다. 이제 그런 곳은 없다고.

〈주온: 저주의 집〉은 〈주온〉 시리즈의 프리퀄로, 넷플릭스에서 6부작으로 공개되었다. 1화는 "〈주온〉은 실제 사건을 바탕으로 만들어졌다. 그 사건은 모두 어느 주택에서 시작된 것이었다"라는 내레이터의 음성으로 시작한다. 그리고 여기에는 "실제로 일어난 사건들은 영화보다 더 무서운 것이었다"라는 설명이 덧붙여진다. 이것은 이번 시리즈 자체의 설정에 불과한 것이지만, 공포의 구심점을 '카야코-토시오'에서 다른 지점으로 옮기고자 하는 감독의 의도가 담긴 것으로 보인다. 이번 시리즈는 공적(公的) 시간을 분명하게 밝히고 있다. 그것은 서사 속의 사건들이 사회의 특정 맥락과 연관되어 있다는 점을 드러내기 위한 것이다.

1988년부터 1996년까지는 일본의 경제 호황이 끝나고 대량 실업 사태와 대기업의 부도가 연쇄적으로 발생하던 시기다. 이 위기가 찾아오기 전까지 그들은 '어른인 척하며' 지낼 수 있었다. 문화평론가 우노 츠네히로는 이것을 '유형성숙(neoteny)'[22]으로 표현했다. 2차 대전 패전 이후 일본은 전쟁이라는 행위에 대해 반성할 수 있을 만

---

22 우노 츠네히로, 『젊은 독자를 위한 서브컬처론 강의록』, 김현아·주재명 옮김, 워크라이프, 2018, 60쪽

큼 성숙하기도 전에 경제적인 팽창을 거듭해왔다. 그리고 늘 '정신적 공백'이라는 콤플렉스에 시달려야 했다. 그때 그들은 '허구'라는 방법을 동원해 '남성성에 대한 긍정'과 '역사로부터의 도피'라는 해결책에 도달한다. 역사적 과오를 인정하려 했던 좌파 진영이 내분을 겪다가 1970년대 적군파 사태로 몰락했을 때, 일본은 현실에서 답을 찾을 수 없었을 것이다. 그들에게 남은 건 '허구'밖에 없었다. 그렇게 일본의 정신적 공허라는 다락방에 허구들이 채워졌지만 이것은 버블경제 붕괴와 함께 수명을 다하고 만다. 그것은 '라무의 꿈'과 같은 대중문화적 환상이었기 때문이다. 방어막의 부서진 곳으로 '미성숙'이라는 현실이 침입했고, 현실정치의 대리자들은 이것을 '헛소문' 같은 것으로 치부하려 했다. 그들은 이미 '북한'이나 '중국'과 같은 가상적인 적들과의 결투를 앞둔 '소년'이 되어 있었기 때문이다. 그들이 흘려넘긴 헛소문들은 콘크리트 살인사건(1988년), 옴진리교 사건(1994, 1995년)과 같이 찾아왔고, 〈주온〉 시리즈에서는 저주받은 집으로 재현되었다.

심령 연구가 야스오는 초현실적인 사건을 다루는 프로그램에 연예인인 하루카와 출연한다. 저주받은 집에 대한 무서운 경험담을 다룬 당일 방송이 끝난 후 하루카는 야스오에게 "왜 이런 이야기를 수집하세요?"라고 묻고, 야스오는 "지금은 잘 모르겠습니다"라고 답한다. 그는 사실 하루카가 얘기한 저주받은 집에 살았던 사람 중 유일하게 생존한 사람이었고, 어렸을 적 가족들이 그 집에서 목숨을 잃은 이유를 '눈에 보이지 않는 것'으로부터 찾으려는 것 같다. 하루카는 애인인 테츠야와 함께 그 집에서 살 예정이었지만, 부동산 업자로부터 그 집의 저주에 대해 듣지는 못했다. 하지만 언제부턴가 테츠야는 그 집에서 본 유령에 대해 하루카에게 얘기하기 시작했고, 하루카는 불안을 견뎌내기 어려웠던 탓이었는지 방송에서 저주받은 집에 대해 털어놓았던 것이다. 그즈음 하루카는 테츠야의 어머니에게 결혼 전 인사를 드리러 가기로 하는데, 그 전날에 그녀에게 테츠야의 '부고'가 전해진다.

그 뒤 얼마간 방치된 그 집에서 또 다른 일이 벌어진다. 근처로 전학 온 '키요미'라는 여학생이 동급생들(요시에, 마이)과 그곳으로 담력 시험을 하러 갔다가 요시에의 남자친구인 '유다이'에게 강간을 당한 것이다. 1층에 혼자 남겨진 키요미는 넋 나간 얼굴로 2층에 올라가 이불장에 몸을 구부리고 들어가 앉는데, 다락방과 연결된 구멍으로 나타난 귀신을 보고 소스라치게 놀란다. 다른 방에서 여자친구와 섹스를 하던 유다이는 키요미의 비명을 듣고 2층에 가 부들부들 떨며 안기는 키요미를 끌어안고, 그 순간 그녀에게 완전히 사로잡힌다. 〈주온: 저주의 집〉의 서사는 이 집과 관련해 살아남은 두 그룹, 즉 '야스오-하루카'와 '키요미-유다이'를 중심으로 전개되며, 이들이 떠난 이후 그 집에 거주하게 된 한 부부의 에피소드도 서사의 작은 부분을 차지한다.

　주요 등장인물들은 저주의 집과 관련되었다는 점을 제외하고 한 가지 공통점을 더 가지고 있다. 그들은 완전하지 못한 가정에서 자랐다는 점이다. 야스오는 어렸을 적에 가족을 모두 잃었고, 하루카의 가족은 한 번도 등장하지 않으며, 테츠야와 키요미는 편모슬하에서 자랐다. 유다이 역시 하루카처럼 이 시리즈에서 가족이 등장하지 않는데, 어떤 문제가 발생했을 때 그들을 아무도 찾아오지 않는 것으로 보아 가족이 없거나 가족으로부터 방치된 상태인 것 같다. 그리고 이들 모두는 이번 시리즈가 끝날 때까지 온전한 가정을 갖지 못한다. 마치 이들에게 내려진 저주가 외부로부터 온 것이 아니라 그들 자신에게서 비롯된 것처럼 보이기까지 한다. 그들 각자의 현실적 위치를 보장해주는 '가족'이라는 근거가 온전하지 않기 때문에 그들은 스스로를 규정할 단서를 사회 바깥, 즉 '눈에 보이지 않는 곳'에서 찾아야만 했다. 야스오와 하루카는 앞서 언급한 것처럼 가족이 사라진 원인을 그곳에서 찾으려고 했고, 키요미와 유다이는 사회 바깥의 금지된 윤리를 통해 망가진 삶을 복원하려고 했다.

　이때 서사에 간헐적으로 등장하는 '전화기'는 그들의 행동 원리를 설명하는 단서가 된다. 하루카의 현실과 테츠야의 죽음을 이어준 것이 테츠야 어머니의 전화였고, 키요미가 담임선생님과 섹스를 하는 어머니를 유다이를 시켜 죽일 때 그가 사용했던 도구가 전화기였다.

그리고 몇 년 후에 저주받은 집에서 범죄를 저지른 남자가 애써 피해 다닌 것이 '전화벨'이기도 하다. 전화벨은 그들 각자의 심리적 현실, 즉 그들이 '안전하다고 여기는 공간'에 잔인하게 그어지는 균열인 것이다. 전화를 받으면 그들은 바깥으로 불려나가게 되지만, 전화를 받지 않으면 전화벨은 그들의 세계에 복구 불가능한 구멍들을 만들어 낸다. 여기서 야스오-하루카와 키요미-유다이는 전혀 다른 선택을 한다. 야스오-하루카는 저주의 기원, 즉 1954년에 그 집에서 벌어진 살인사건을 추적하기 위해 전화기 건너편의 세계로 향하고, 키요미-유다이는 전화를 받지 않기 위해 그것을 부순다('그것으로 부순다'가 맞겠지만, 마치 '그것을 부수기' 위해 살해 대상이 정해지는 것처럼 보인다). 그들은 각자의 선택에 의해 정신적 '공백'과 만나게 될 것이고, 동일한 결말인 '파멸'에 도달할 수도 있다. 일본 사회가 오랫동안 스스로를 규정하는 데 실패했듯이, 야스오-하루카와 키요미-유다이 역시 다락방에 켜켜이 쌓인 비밀을 쉽게 풀 수는 없을 것이기 때문이다.

〈주온: 저주의 집〉의 마지막 에피소드에서 젊은 부부가 그 집으로 이사 온다. 남편은 다락방에서 일어난 살인사건에 대해 알고 있었지만 입을 다물었고, 아내는 남편을 믿었기 때문에 그에게 아무것도 묻지 않았다. 부부는 집 안을 가구와 벽지로 꾸미고, 거실에 스며들어 있는 '얼룩'도 가리고 만다. 우리가 그 부부처럼 그 얼룩과 눈을 마주치지 않는다면 그것은 우리를 바라보지 않을지도 모른다. 그러나 어떤 현실도 그것과 우리 사이를 완벽하게 가릴 수 없다. 아주 조그만 균열, 사회의 논리가 설명해주지 못하는 타인과의 관계의 틈으로 얼굴을 내민 '그것'은 우리에게 "도망쳐"라고 속삭일 것이다. 〈주온 1〉의 카야코와 토시오 모자(母子)는 시리즈가 거듭될수록 '설명 가능한 존재'가 되어갔고, 결국에는 웃음거리로 소비되기까지 했다. 미야케 쇼 감독은 이번 프리퀄 작품을 통해 그런 그들을 본래 위치인 어둠 속으로 데려다 놓았다. 토시오는 다시 갓난아기가 되었고, 카야코는 우리에게 그 아이를 넘겨준다. 아이를 받아든 우리는 형체도 없이 증발할 수도 있고, 어둠 그 자체로 변해 끝없이 '제물'을 찾을 수도 있고, 해석되지 않는 사건을 기록하는 심령연구가가 될 수도 있다. 이것은 '뉴노멀'이라는 정식화에 앞서 우리가 거쳐야 할 어두운 제의다. 이제 그 어떤 허구도 우리를 안전하게 보호할 수 없기 때문이다.

당신의 비밀은 나의 미래

〈스파이의 아내スパイの妻〉(구로사와 기요시, 2020)

1. '코스모폴리탄'의 아내

1940년 태평양 전쟁 직전의 만주국을 배경으로 한 이 영화의 초반부에서, 기모노를 입은 여성(쿠사카베 히로코, 현리 분)의 시체가 강가로 떠내려오는 장면이 등장한다. 이것은 영화 〈스파이의 아내〉의 장르 규정에 관해 감독이 던지는 의미심장한 메시지일 수도 있겠다. 이 장면 앞의 에피소드에서 주인공인 사업가 유사쿠(타카하시 잇세이 분)는 헌병대에 잡혀간 외국인 사업 파트너를 구하기 위해 거금을 쓰기도 했고, 아내의 어린 시절 친구이자 관동군 헌병대 장교인 다이지(하가시데 마사히로 분)에게 '의심 받을 행동을 하지 말라'는 경고를 듣기도 했다. 그래서 관객들은 자연스럽게 이 영화가 전쟁 시기에 정의로운 일을 몰래 했던 인물을 그리는 〈쉰들러 리스트〉 (스티븐 스필버그, 1993) 같은 영화처럼 진행될 것이라고 예상할 수밖에 없었을 것이다. 하지만, '기모노를 입은 아름다운 여인의 시체'라는 이 기묘한 대상은 28분여 동안 순조롭게 흘러갔던 영화의 흐름에 한순간 작은 소용돌이를 만들어낸다. 그리고 이것은 이 영화의 핵심적인 비밀을 숨기기 위해 감독이 제시한 맥거핀처럼 보이기도 한다.

〈스파이의 아내〉는 시대극의 외피를 두른 서스펜스 장르의 영화라고 할 수 있다. 관동군 생체실험부대의 만행을 미국에 폭로하기 위해 모든 것을 바치려는 듯한 주인공 유사쿠는 이 영화에서 '순교자'로 그려지지 않는다. 그저 역사라는 거대서사의 뒤에 숨겨진 비밀에 맹목적으로 접근하는 무모한 캐릭터로 그려질 뿐이다. 그리고 영화는 '국경을 초월한 평화주의(코스모폴리타니즘)'라는 대의가 주인공에 의해 어떻게 구현되는지에는 거의 관심이 없고, 몰락이 예정된 주인공의 여정을 그리는 것 자체에만 관심이 있는 듯하다. 이런 장르에 익숙한 관객이라면 가장 먼저 히치콕의 작품들을 떠올렸을 것이고, 그보다 더 눈썰미 있는 이들이라면 데이빗 린치 감독의 드라마 〈트윈 픽스〉 시리즈를 떠올렸을 수도 있겠다. 평온한 미국의 산골 마을 트윈 픽스를 뒤흔들어 놓은 한 소녀의 시체, 그리고 그녀의 죽음과 관련된 비밀에 접근하기 위해 마을에 도착한 '정의감 있는' FBI 요원(주인공). 죽은 여성과 주인공의 관계는 조금 다르지만, 두 영화는 현실 뒤에 숨겨진 비밀에 '정의'를 통해 접근하려는 남자 주인공의 신념이 한 여성의 의문스러운 죽음과 마주하고 있다는 점에서 닮았다고 볼 수 있겠다. 남자 주인공과 비밀 사이에 '여성의 시체'가 놓여 있다. 그리고 그 시체를 통해 관객들은 남자 주인공의 '미래'를 예상해볼 수 있다. 그 과정에서 '진실처럼 보이는 것'들이 하나씩 천천히 무너져 내릴 것이다.

그런데 〈스파이의 아내〉에서 유사쿠의 순진한 아내 사토코(아오이 유우 분)는 시체를 통해 남편의 미래가 아니라 '과거'를 유추해야 하는 입장에 놓인다. 한 여성의 죽음 이후 평온했던 자신의 주변에 생긴 알 수 없는 변화들, 다이지를 통해 들은 불안한 이야기들(여성이 죽기 전에 남편이 그녀를 미국으로 망명시키려고 했었다는 사실)과 같은 것들은 그리 견고하지 않은 그녀의 현실이라는 토대 밑에서 끊임없이 여진(余震)을 일으킬 것이기 때문이다. 국가의 섬뜩한 비밀을 목격한 이후 평범한 일상으로 돌아갈 수 없게 된 유사쿠의 선택, 즉 자신의 발밑에 있는 진실 속으로 일단 뛰어들기로 한 그의 선택은 자기 아내의 일상에 또 다른 비밀로 번져 나가 그녀의 삶의 한구석을 깨뜨렸던 것이다. 남편이 이미 선택을 끝마쳤으므로, 그를 사랑하는 아내 사토코에게는 선택의 여지가 없었다. 그녀는 남편을 '비밀'로 남겨두지 않기 위해서라도 그녀의 발밑에 생긴 균열(여성의 시체-남편의 과거)의 의미에 대해 좀 더 파고들 수밖에 없었다. 시체에 대해서는 곧 사실이 밝혀지지만(죽은 여성은 관동군의 생체 실험을 고발하려다가 죽은 장교의 애인이며, 유사쿠는 그녀를 보호 하려고 했던 것인데 일이 좀 꼬이면서 그녀가 목숨을 잃었던 것), 그 것만으로 남편의 비밀이 전부 명확하게 해석될 수는 없었다.

2. 가질 수 없는 '너의 비밀'

'전쟁'이나 '역사적 진실'과 같은 묵직한 소재들이 서스펜스 서사 구 조 안에서 다뤄지는 것이 이 영화의 주된 흐름이라고 할 수 있지만, 정성일 평론가의 분석[23]처럼 주인공 사토코와 유사쿠의 관계 설정 은 '로맨스' 장르의 전개 방식을 떠올리게 한다. 군국주의 정치의 통 제하에 놓인 숨 막히는 일상은 유사쿠와 사토코 부부 모두에게 극심 한 불안감을 주고 있었다. 서로에 대한 애정은 단지 그 감정들을 일 시적으로 망각하게 하는 마취제 역할밖에 하지 못한다는 것을 유사 쿠도 사토코도 잘 알고 있었다. 그들에게는 자신을 현실의 바깥으로 인도해 줄 어떤 구원자가 필요했다. 유사쿠에게는 그것이 '코스모폴 리타니즘'이었고, 사토코에게는 그것이 '진리에 사로잡힌 남편'이었

---

23 정성일, 「스파이의 아내의 남편은 스파이다」, 《미스테리아》 2021년 6/7호, 문학동네.

다. 그래서 이 영화의 서사는 'A는 B를 짝사랑하고(①), 그런 A를 C가 짝사랑하는(②)' 삼각관계의 형태를 취하게 되었다. 그런데 ①과 ②의 짝사랑 방식의 차이는 이 영화의 서사 전개에 있어 예측 불가능한 지점들을 만들어낸다. ②에서 사토코의 사랑의 대상은 '남편'이라는 분명한 형태를 취하고 있지만, ①에서 유사쿠의 사랑의 대상은 그 실체가 분명하지 않기 때문이다.

오시마 나기사 감독의 〈감각의 제국〉(1976)과 비교해본다면 이 로맨스 구조가 전체 서사를 어떤 지점으로 이끌고 있는지에 대해 더 분명하게 얘기해볼 수 있을 것 같다. 〈감각의 제국〉의 시대적 배경은 태평양 전쟁 말기의 일본으로, 〈스파이의 아내〉와 거의 비슷한 시기를 배경으로 하고 있다. 주인공인 기녀 사다 아베(마츠다 에이코 분)와 그녀의 애인 이시다 키치조(후지 타츠야 분)는 서로에 대한 밤낮 없는 탐닉을 통해 잔혹한 현실로부터 탈출(도피)한다. 그러나 이들은 서로를 '실체 없는 것'으로서 사랑하고 있다. 피와 살을 가진 서로를 사랑하는 것이 아니라, 각자에게 '환상의 대상'이 되어 주고 있는 것이다. 이들의 목적은 처음부터 끝까지 '세계와 불화(不和)하는 것'이었다. 그래서 그들은 결말 부분에서 현실 세계와 자신의 유일한 연결고리인 '육체'를 소멸시키면서까지 환상을 유지하는 것이다. 그런데 〈스파이의 아내〉의 유사쿠와 사토코의 사랑의 방식은 이들과는 다르게 전개된다. 유사쿠는 전시(戰時) 체제라는 현실을 무화시킬

'인류 보편의 진리'를 사랑하는 반면, 사토코는 현실 기표로서의 '남편'과 진리에 사로잡힌 '코스모폴리탄'이 뒤섞인 수수께끼 같은 대상을 사랑하고 있기 때문이다.

〈감각의 제국〉의 사다와 이시다의 관계가 '파멸의 하모니'를 이룬다면, 〈스파이의 아내〉의 유사쿠와 사토코의 관계는 '파멸의 둔주곡'을 이룬다고 볼 수 있다. 전자의 두 주인공이 자신들만의 유토피아에 대한 시공간 개념을 공유한다면, 후자의 경우에는 두 주인공이 '전쟁이 없는 세계'라는 유토피아적 공간만 공유하고 그곳의 '시간(유사쿠의 유토피아는 초월적이지만, 사토코의 유토피아는 '남편'이라는 유한한 존재를 경유해야 한다)'을 동시적으로 공유하지는 않기 때문이다. 그래서 〈감각의 제국〉의 두 주인공이 같은 시간에 함께 파멸하는 반면, 〈스파이 아내〉의 두 주인공은 각자 다른 시간대에 파멸을 맞게 되는 것이다. 이런 '시간차'로 인해 관객들은 사토코의 관점에도, 유사쿠의 관점에도 완전히 몰입할 수 없게 된다.

〈감각의 제국〉의 사다와 이시다는 자신이 무엇을 사랑하는지에 대해 분명하게 알고 있다. 그래서 관객은 그들이 어떻게 혐오스러운 현실을 파괴할 만큼의 극단적인 욕망을 뿜어내는지를 따라가기만 하면 된다. 그러나 〈스파이의 아내〉의 영화적 시공간은 유사쿠와 사토코의 관점으로 분열된 채 서로 뒤엉켜 있다. 관객들은 유사쿠의 진리에 대한 믿음에 어느 정도 공감하다가도 사토코의 관점에서 그것을 혐오하게 되고, 역으로 남편에게 언제든 버려질 수 있을 것 같은 사토코를 연민하다가도 유사쿠의 관점에서 그녀의 속물성을 혐오하며 어느 한 캐릭터의 관점으로 영화적 사건들을 이해할 수 없게 되는 것이다. 그러므로 관객은 이 영화의 주제에 접근하기 위해 사토코와 유사쿠의 욕망을 별도의 맥락으로 파악할 필요가 있으며, 이때 그들 각자가 사랑한 대상(유사쿠가 사랑한 '보편적 진리', 사토코가 사랑한 '남편 유사쿠')이 품고 있는 '비밀'은 그들 각자의 욕망을 해석하는 데 있어서 적절한 단서가 될 수 있을 것이다.

유사쿠가 관동군의 생체실험을 고발하려는 행위에는 언뜻 보기에는 '평화'나 '인권'과 같은 보편적 가치에 대한 숭고한 믿음 이외에 어떤 의도도 섞여 있지 않은 것으로 보인다. 그러나 그의 행위의 '맹목성'은 스토리 곳곳에서 드러난다. 그는 생체실험 과정이 메모된 노트의 영문 번역을 자신이 직접 하지 않고 조카 후미오에게 맡기고, 그가 진행하던 일이 헌병대의 다이지에게 발각되자 사건과 자신의 관계성을 은폐하기 위해 여러 수단을 동원하고, 미국으로 도피할 때도 아내와 다른 배를 탄다. 그는 진리를 실현한다는 명목하에 주변 사람들을 끊임없이 희생시키고, 그들과 자신의 관계를 방해물로 여기며 그것을 언제든 폐기할 수 있는 것으로 치부한다. 그리고 그 과정에서 자신은 점점 '자유로움'에 가까워진다고 믿는다. 관동군의 만행을 처음 목격했을 때, 그는 이 사실을 외부에 고발하는 행위를 통해 전체주의라는 억압적인 구조에서 벗어날 수 있을 것이라고 생각하게 되었을 것이다. 그러나 이 과정에서 그는 그가 '진리'라고 상정하고 있는 시각 바깥에 존재하는 다른 것들을 전혀 볼 수 없게 되었다. 아내도, 가족도, 재산도 버리고 그가 얻고자 한 것은 '자유'이다. 그러나 결국 그의 이데올로기였던 코스모폴리타니즘은 〈감각의 제국〉에서 사다와 이시다를 침실에서 한 발짝도 나가지 못하게 만들었던 '환상(성적 탐닉)'처럼 유사쿠를 '자유'가 아닌 '또 다른 구속'으로 몰아넣고 말았다. 그는 진리의 현실적 구현에는 별로 관심이 없었기 때문에, 결국 진리가 가진 '비밀'에 갇혀 버리고 만 것이다.

사토코는 그런 유사쿠와 아주 잠깐 '비밀'의 시공간을 공유한다. 사토코가 이 영화에서 남편 유사쿠에게 깊이 빠져들게 되는 것은 그의 비밀에 대해 인지하게 되는 순간 이후부터이다. 유사쿠는 사토코에게 평소에는 굉장히 유쾌하고 친절한 남편이지만, 아내가 자신의 비밀에 관해 접근하려고 할 때에는 단호하게 그것을 차단한다. 그런데 남편의 그런 '모호함'은 오히려 사토코의 욕망을 이끌어내고, 전쟁의 분위기로 인해 다소 불안하지만 물질적으로는 부족함 없는 현실로 남편을 데려오려던 사토코는 오히려 남편의 비밀이 뿜어내는 매혹적인 힘에 이끌려 남편의 '코스모폴리타니즘'에 동참하게 된다. 유사쿠가 관동군의 생체실험이라는 '균열' 너머에서 발견한 '실재'의 파편에서는 '비밀'의 아우라가 흘러나왔고, 사토코는 유사쿠를 통해 그 알 수 없는 기운과 마주하며 그를 이전과는 다른 존재로 인식하게 된 것이다. 하지만 시간이 지날수록 그의 '비밀'은 '알 수 있는 것'이 되어 가고, 그는 남편과 같은 방식으로 '코스모폴리탄'이라는 단어를 사용하지는 않게 된다. 남편의 믿음이 개인적이고 맹목적인 것이 되었지만, 그와 공유하고 있던 '인류 보편의 가치'라는 관점을 대체할 다른 어떤 관점도 그녀는 갖고 있지 못했기 때문이다. 말하자면, 세계를 자기 자신만의 방식으로 대면할 용기가 없었기 때문에 그녀는 자신의 비밀에 갇힌 남편의 세계에 갇히려고 했던 것이다.

영화 후반부에서 둘이 공유하던 시공간은 단절된다. 유사쿠는 아내가 헌병대에게 발각될 것을 예상한 채 자신은 다른 배를 타고 미국으로 향했고, 사토코는 헌병대 건물로 끌려왔을 때 옛 친구 다이지를 통해 남편의 진실을 알게 된 뒤 정신을 잃는다. 남편의 관점으로 세상을 바라보는 것이 불가능하다는 사실. 그러나 더 이상 그녀만의 관점으로 세계를 바라볼 수 없게 되었다는 사실. 그것이 사토코가 가장 두려워했던 자기 자신의 '비밀'이 아니었을까. 결국 사토코는 남편의 비밀을 가지려다가 자기 자신의 비밀도 갖지 못하게 되었고, 그녀의 남편 역시 비슷한 방식으로 자신의 비밀을 갖지 못한 채 몰락했던 것이다.

3. 맥거핀, 그리고 나와 당신의 '비밀'

첫 부분에서 잠시 언급했던 '맥거핀'에 대한 얘기로 이 영화 대한 글을 마무리해보려고 한다. 유사쿠의 경우에는 '자유'라는 이념이, 사토코에게는 '유사쿠'라는 사랑의 대상이 그들 인생 전체의 맥거핀으로 작용했다. 사실 카메라가 그들의 맥거핀을 집요하게 쫓아가지 않았다면, 이 영화는 단지 일본의 역사적 만행을 규탄하는 평면적인 방향으로 흘러갔을 것이다. 하지만 감독은 자신의 대상을 쫓아 각자의 꿈속으로 빠져든 두 사람의 '몽유병'을 디테일하게 그려내며, 그들에게 드리워질 수 있는 모든 숭고한 의미들을 차단한다. 한 이념에 대한 순수한 동경, 한 남자에 대한 순진한 애정이라는 허구적 형식에 빠져든 그들이 무엇을 잃게 되었는지, 또 그들이 자기 인생 전체를 걸고 지켜내려고 했던 것이 얼마나 '텅 빈' 것이었는지를 보여주는 게 이 영화를 만든 감독의 주된 관심사였을 듯싶다. 그리고 감독은 오류 속으로 빠져든 그들이 어리석다고 비난하는 것이 아니라, 이 영화를 보는 어떤 관객도 자신의 삶을 둘러싼 맥거핀에게서 자유로울 수 없다는 사실에 대해 이야기하려고 하는 것 같다.

우리는 레거시 미디어뿐만 아니라 수많은 네트워크 플랫폼을 통해 쏟아지는 영상과 텍스트들의 홍수 속에 살고 있다. 개인들이 자신만의 고유한 관점이나 주장을 체계화시킬 언어를 잃어버린 지금,

단순하고 유쾌한 서사 속에 흩어져 있는 맥거핀들이 우리의 내면에 흘러들고 있다. 그것들은 우리 자신의 언어가 배치되어야 할 곳에 자리를 잡고 '이야기'를 만들어낸다. 지금 소셜 미디어와 영상 플랫폼에 넘쳐나는 수많은 혐오의 서사와 가짜 뉴스들은 이러한 맥거핀들을 통해 '우리 스스로'가 만들어낸 것들이다. 이 세계의 수많은 비밀들이 유튜브 추천 영상 리스트로 배달되고 있는 지금, 내가 그동안 줄곧 잊어버리려고 했던 나의 '진짜 비밀'이 무엇인지에 대해 한 번쯤 생각해볼 필요가 있을 것 같다.

어른도 아이도 아닌 사람들

〈소리도 없이〉(홍의정, 2020)

1. 우리가 서 있는 자리

'ChatGPT'나 'Bing'같은 대화형 인공지능 챗봇은 사람의 질문에 대해 어떤 식으로든 답한다. 심지어 자신이 잘 모르는 것에 대해서도 최선을 다해 답을 찾는다. 무언가 부담스러운 일을 맡게 되면 머뭇거리는 인간에 비해, AI는 역할수행의 과정에서 우리처럼 고민하지 않는다. 말하자면, 그들에게는 자신의 역할에 대한 부담감이 없다는 것이다.

그런데 그 부담감이 우리를 인간답게 만드는 건 아닐까. '역할'과

'자신' 사이에서, 그 부담감을 통해 우리가 고유한 삶의 방식을 찾아가고 있는 것일지도 모르기 때문이다. 역할이 설명해줄 수 없는 어떤 의미들이 우리를 잡아당기고 있다는 것이다. 그리고 그런 매끄럽지 않은 감정들 때문에 우리는 역할에 매몰되지 않고 자신다움을 지켜갈 수 있다. 하지만 그것은 구성원들의 멈춤 없는 역할수행을 통해 작동하는 많은 집단에 있어서는 '오류'일 수도 있겠다. 그들이 자신이 하는 일의 의미에 대해 의심하거나 부담감을 느끼는 순간, 그 집단을 작동시키는 시스템은 잠시 정지되기 때문이다. 그래서 집단은 역할수행에 부담을 느끼는 개인을 오류로 취급하는 경향이 있으며, 그 때문에 개인들은 자신의 부담감을 들키지 않기 위해 항상 노력하곤 한다.

그런 사회에서, 누군가 나를 예전과는 전혀 다른 방식으로 불러준다면 우리의 존재 자체가 흔들릴 수 있을까? 자신의 역할에 대한 부담감을 느끼지 않기 위해 최선을 다하는 우리에게 누군가가 갑자기 낯선 역할을 가져온다면 우리는 그의 '호명'을 반가워할 수 있을까? 영화 〈소리도 없이〉가 관객에게 던지는 핵심적 질문이 바로 그것이다. 먹고살기 위해 무언가를 기계적으로 수행하던 이들에게 한 소녀가 나타난다. 그리고 그녀는 그들을 '오빠'와 같은 친밀한 호칭으로 부르기 시작한다. 갑작스럽게 소녀의 보호자가 된 '오빠'는 그가 본래 수행해야 했던 '납치범'이라는 역할에 대해 회의감을 느끼기 시작한다. 이처럼 이 영화의 등장인물들은 명령에 대한 복종과 '인간다움' 사이에서 갈등하고, 이를 통해 역할과 순수한 자신 사이에서 자기 삶이 어떻게 재현되고 있는지에 대해 깨닫게 된다. 어떤 역할을 의심 없이 받아들이는 우리 대신 고민과 회의 속에 놓인 그들은 역할과 자신 사이의 간극을 통해 우리가 서 있는 자리의 진짜 의미에 대해 알려주려고 하는 것 같다.

2. 어른과 아이

'어른'과 '아이'라는 역할의 의미가 현실의 경우와 완전히 뒤집혀 있는 지점에서 영화 〈소리도 없이〉의 핵심적인 메시지들이 드러난다. 영화에서 가장 어른스러운 것은 창복(유재명 분)과 태인(유아인 분)에게 납치된 초희(문승아 분)이다. 세계 전체를 조망하고 특정한 판단을 내리는 존재가 어른일 텐데, 영화의 서사 안에서 초희 이외에 나머지 인물들은 누군가가 시키는 행동을 할 뿐이다. 자기가 죽이지도 않은 사람을 암매장하고, 어린아이를 납치하고, 여러 범죄 행위에 가담한다. 먹고살기 위해 주어진 유일한 역할을 그들은 수동적으로 받아들여야 할 뿐이다. 하지만 낯선 두 남자에게 납치된 초등학교 4학년 소녀 초희는 '어른들'에게 끌려다니지 않는다. 그녀는 자신만의 판단을 통해 특정한 역할을 수행하며, 그들 사이에서 유일하게 '어른스러운' 역할을 한다. 다른 이들이 수행하는 역할의 범주가 '어른(가시적으로 드러나는 감시자)'에 의해 정해질 때 초희의 역할은 어수룩한 20대 초반 남성 유괴범 태인에 의해 결정되고, 이 과정에서 그녀는 자신에게 명령을 내리는 어른이 없는데도 불구하고 특정한 관계의 구조 안에서 스스로의 역할을 찾아 잘 수행해나간다. 말하자면, '생존'이라는 조건 속에서 그녀는 '자기 마음속의 (불친절한) 어른'을 스스로 만들고 그의 명령을 지켜 나간다는 것이다. '역할'을 통해 세계가 재구성된다는 작동 원리를 무의식적으로 받아들인 그녀는 미성숙한 어른들 사이에서 유일하게 진짜 어른처럼 보인다. 이렇게 이 영화는 "'어른'과 '아이'의 역할이 뒤바뀐 지점에서는 어떤 일이 일어날까?"라는 질문으로 시작된다.

우선 이 영화에서 등장하는 '아이의 미장센', 즉 아이 같은 어른을 재현하는 방식에 대해 이야기해보려고 한다. 아이의 미장센은 '폭력의 2차원화'라는 방식으로 드러나곤 한다. 납치 범죄가 모의되고 실행되는 장소의 핑크색, 자기 이름이 있지만 그것이 잘 드러나지 않는 미숙한 어른들, 혼자 있으면 아무것도 하지 못하는 그들을 재현하기 위한 투 쇼트 등. 논리적 판단이 가능한 개별적 주체로 인정받지 못하는 이들을 억누르는 힘과 그 힘에 억눌린 이들이 억지로 실행하는 폭력이 이런 미장센들을 통해 블랙 코미디의 방식으로 재현된다. 그중 가장 도드라지는 설정은 '말을 하지 못하는' 20대 초중반

청년 태인의 설정이라고 할 수 있다. 말은 특정한 상황에 놓인 한 사람에게 주어지는 '대사' 같은 것이다. 그러므로 말이 없다는 것은, 어떤 맥락에서 그의 배역이 조연 정도의 비중이거나 혹은 그 배역의 의미가 불분명할 수도 있다는 뜻이다. 말하자면, 그는 자신에게 명령을 내리는 어른이 없으면 아무것도 할 수 없는 아이 같은 존재라는 것이다. 그래서 태인은 초희를 납치해 가두는 폭력적인 과정에서 어떠한 구체적인 폭력(구타 등)도 실행하지 않으며, 심지어 자신이 수행하는 일들이 범죄라는 걸 명확하게 인지하지 못하고 그 일을 해나가는 것처럼 보이기까지 한다.

하지만 그런 아이 같은 존재들은 자신의 부모 역할로 다가오는 세계에 의심 없이 깊이 빠져들 수도 있다. 그들은 '현실 대 환상'의 구도로 세계를 구분하지 않고, '이야기'와 '현실'이 하나의 세계에 섞여 있다고 여기기도 하므로 자신의 현실 속에서 '환상적인' 사건이나 인물이 나타나도 그것을 어른보다는 잘 받아들일 수 있다는 것이다. 그러므로 그에게 하나의 역할을 부여하며 그것을 통해 어떤 세계의 구조를 학습시키는 어른이 누구인가에 따라 아이의 세상은 크게 바뀔 수도 있다는 것이다. 초희는 그렇게 어른의 방식으로 태인의 역할을 새롭게 호명하며 그의 세계를 바꾸어놓았다. 그를 처음으로 진짜 어른의 역할이 포함된 '오빠'로 불러주고, 그가 그 역할을 잘 수행해야 할 이유에 대해 친절하게 가르쳐주었기 때문이다. 미성숙한 한 사람에게 역할을 부여하고 그 의미를 가르쳐준다는 점에서, 초희의 실질적인 역할은 '어른'의 역할이라고 할 수 있었다.

그러면 여기서부터는 본격적으로 '어른'으로서의 초희에 대해 주목해볼 수 있겠다. 그녀는 세계 내에서의 자기 자신의 위치에 대해 이 서사 속의 누구보다도 잘 알고 있고, 그런 그녀의 '어른스러움'을 반영한 여러 설정들이 영화 곳곳에서 나타난다. 그녀는 영화에서 처음 등장할 때 토끼 가면, 교복, 언어를 도구적으로 사용하는 방식(태인을 '오빠'로 부르고, 태인의 친동생에게 자신을 '언니'라고 부르는 것) 등을 통해 역할의 뒤에 숨어 자신을 보호하는 능숙한 어른의 태도를 보여준다. 자신의 역할을 빠르게 습득하고, 상황에 맞게 그 역할을 변형시키는 것도 빠른 그녀는 역할수행에 있어서 부담감을 느끼는 순간 자신의 상황이 위태로워질 거라는 것을 너무나도 잘 알고 있다는 것이다. 즉 그녀는 '생존의 조건'에 대한 인식과 그 조건 속에서 자신의 역할을 스스로 잘 찾아내는 어른의 역할을 능숙하게 해내고 있다고 볼 수 있다.

무력한 개인은 사물의 체계 속에서 자신만의 역할을 빨리 찾아내야만 그것을 통해 구조 내에서의 자신의 의미를 만들어낼 수 있다. 그리고 이를 통해 그는 생존의 조건을 마련할 수 있게 된다. 이를테면 초희는 그러한 메커니즘에 대해 본능적으로 알고 있는 주체로서, 생물학적으로는 어린이지만 그녀를 지켜보는 관객들이 대부분 '어른스럽다'고 느끼는 그런 역할을 수행하고 있다는 것이다. 미성숙한 다른 어른들과는 달리, 초희는 단독 쇼트에서 굉장히 자연스럽다. 그리고 투 쇼트에서는 자신의 옆에 있는 생물학적 어른에게 의미부여를 하고 그를 안심시키기 위한 어른의 역할을 하기도 한다. 이렇게 자신에게 역할을 준 어른이 자기 눈앞에 없어도 초희는 본능적으로 기억해낸 '학습된' 역할을 수행해 나가며 생존의 조건을 구축한다.

하지만 내면 깊은 곳까지 완전하게 어른이 될 수 없었던 그녀는 태인과의 관계에서 '기계적인' 것이 아니라 '인간적인' 관계의 의미들과 마주하게 된다. 자신을 아이처럼 잘 따라 주면서 성실하게 오빠 역할을 해준 태인을 납치범이 아니라 진짜 오빠처럼 여기게 되면서, 둘 사이에 의도치 않게 '인간적인' 유대관계가 성립하게 된 것이다. 그도 태인과 마찬가지로, 자신을 '동생'으로 호명해주는 오빠와의 관계 속에서 생존이라는 조건을 잠시 잊고 자신의 새로운 역할에 몰입하게 되어 버렸던 것이다.

이렇게 '되어야 하는 것'과 '되고 싶은 것' 사이에서, 어른으로도 아이로도 온전하게 세상에 존재할 수 없는 두 사람은 이전에 한 번도 경험한 적 없었던 '역할의 흔들림'을 경험하게 된다. 그리고 그러한 상황은 자연스럽게 그들을 위태롭게 만든다.

3. 지속될 수 없는 '밤'

이 영화에서 '낮'은 그들에게 폭력적으로 어떤 역할을 부여한 타자의 시간, 그리고 '밤'은 그러한 역할의 의미가 불분명해지고 모호해지는 시간으로 표현된다. 그래서 낮에는 태인의 통제를 따를 수밖에 없는 입장이었던 초희가 밤에는 자신의 행동에 대해 두려워하는 태인을 돌보기도 한다(태인은 자신의 집에 쫓아온 경찰을 우발적으로 기절시킨 후 그가 죽은 줄 알고 땅에 묻으려고 하는데, 이때 초희가 태인의 옆에서 '내가 옆에 있다'는 신호로 박수를 쳐주며 그를 진정시킨다). 우리가 생계를 이어나가기 위해 '일'을 할 수 있는 시간은 '낮'이다. 나의 의미가 명확할 때 우리는 현실 속에서 자신의 역할을 확보할 수 있으며, 이를 통해 '생활'이 가능해지기 때문이다.

그러나 이 영화에서 초희와 태인이 자신의 진짜 삶의 의미를 발견한 것은 모든 의미가 모호해진 '밤' 시간대이다. 생물학적 어른이 아이에게 보살핌을 받을 수 있는 시간, 납치범이 보호자가 될 수 있는 시간, 생존이라는 기준이 선과 악의 의미를 만들어낼 수 없는 시간 속에서 그들은 유대관계를 통해 현실에서 쉽게 드러나지 않았던 자기 역할의 의미를 발견해낸다. 그들에게 본래 역할을 부여한 이들의 의미가 흐려지면서, 자신이 갖고 있던 역할에 늘 붙어 있었으나 숨겨져 있던 자기 역할의 진짜 의미에 대해 알게 된 것이다. 서로에 대한 이해를 통해 각자가 수행하던 역할의 새로운 의미를 창조하고, 조정하고, 변형하면서 주체화시킬 수 있다는 사실을 그들은 깨달았다. 이를 통해 초희와 태인은 납치된 아이와 유괴범의 관계가 아니라 서로를 인간적인 방식으로 호명할 수 있게 된 것이다.

그러나 그들은 그런 밤의 시간 속에서 영원히 살아갈 수는 없다. 사회적인 의미화 과정을 제대로 거치지 않고 행복하게 살아갈 수 있는 사람은 극소수다. 그런 이들은 경제활동, 교육, 복지 혜택 등 '시스템'이 개인들에게 제공하는 기회들을 누리기 어렵기 때문이다. 태인은 그런 사실을 너무나도 잘 알았기 때문에 초희를 자기 곁에 붙들어놓을 수 없었다. 그가 초희를 또다른 인신매매범에게 팔아넘기려고 했던 건 자신이 '어른'이 될 수 없다는 걸 알았기 때문이다. 그는 미숙한 존재이며, 불완전한 누군가를 보호하는 어른의 역할을 할 수 없다고 스스로 느끼고 있었기 때문에 섣부르게 초희의 오빠 역할을 맡으려고 하지 않았던 것이다.

그럼에도 불구하고, 태인은 초희를 인신매매범에게 넘기고 집에 돌아온 뒤에 방 안에 반듯하게 걸린 양복을 보고 자기 내면에 각인된 '오빠'라는 호명을 기억해낸다. 그가 '어른'의 상징물로서 주위온 양복 한 벌을 세탁할 때 초희가 그것을 도왔고, 그 양복은 마치 초희가 자신에게 부여한 새로운 역할인 '오빠'라는 기표 그 자체가 된 것 같았을 것이기 때문이다. 사람이 사람을 도울 수 있다는 것, 그리고 그 선의에 의해 자신의 의미가 규정될 수 있다는 것. 그런 사실을 처음으로 깨닫게 해준 존재를 기억하게 만든 양복 한 벌을 본 뒤에 그는 다시 한 번 '어른'이 될 수 있다고 믿었을 것이다.

하지만 초희가 그렇게 자신을 구해준 태인을 결말 부분에서 배신한 이유는, 그녀 역시 자신의 내면에 있는 '밤의 시간'이 오래가지 못할 것이라는 것 알았기 때문이다. 이것은 태인이 처음에 초희를 인신매매범에게 팔아넘기려 했던 이유와 비슷할 것이다. 초희는 자신이 '밤'의 시간에서 살 수 없다는 걸 잘 알고 있었다. 그 시간이 너무 소중한데도 불구하고, 그 시간 속의 불명확한 의미들 때문에 관계성이 모호해지면 그녀는 다시 위험에 처할지도 모른다는 것이다. 만약 태인이 다시 그녀의 오빠로서의 역할을 견디지 못한다면, 그리고 그녀가 태인을 오빠로서 믿지 못하게 된다면 이 관계는 언제든지 쉽게 부서질 것이기 때문이다. 밤과 낮이 섞이는 중간지대라는 것이 존재할 수 없는 한국사회. 의미가 불명확한 것은 이물질로 취급되어 금방 사라지는 사회. 초희는 그런 한국사회에서 생존 조건에 익숙해져 있기 때문에, 자신의 가장 소중했을 수도 있는 관계성을 삶의 범주에서 삭제하려고 한 것일지도 모른다.

그렇게 초희는 자신을 학교로 데려다준 태인을 담임교사에게 유괴범으로 고발하고, 태인은 배신감을 느낄 새도 없이 그녀로부터 멀리 달아나야 할 상황으로 내몰린다. 그리고 먼 곳으로 도망친 뒤에 태인이 땅바닥에 내동댕이친 양복은 우리의 불분명한 역할, 우리가 현실의 기계적인 역할이 아닌 인간적인 관계와 의미들로 재구성한 역할이 이 사회 속에서 온전히 보존되는 게 얼마나 어려운 일인지를 보여주는 씁쓸한 결말로서 관객들에게 강렬하게 각인된다.

4. 어른도 아이도 아닌 시간

우리는 가끔 선과 악의 범주를 넘어서는 어떤 시간들과 그 의미에 대해 감각할 수 있게 된다. 하지만 우리가 그것에 대해 현실의 언어로 설명해낼 수 없다면, 그 의미들은 그저 현실을 위협할 수도 있는 '오류'로서 이 세계에 머물러 있게 될 것이다. 그 신기루 같은 의미들이 사람과 사람 사이에서 잠시 소중한 무언가로 반짝인다고 할지라도, 우리는 그것으로 자신의 의미, 친밀한 이들과의 관계의 의미를 일상성의 규칙을 통해 의미화해 나갈 수 없기 때문이다. 그래서 한국사회의 많은 관계들은 인위적인 선과 악의 범주를 넘지 못하며, 우리는 '태인'과 '초희'가 느꼈을 법한 큰 부담감을 느끼면서까지 우리 사이의 관계를 해체하거나 재정립할 용기를 내지 못하게 된다.

실존이 '땀'을 내는 게 아니라, 맹목적인 역할수행을 통해 목덜미에 난 '땀'을 실존이라고 믿는 이들로 가득한 한국사회. 홍의정 감독의 〈소리도 없이〉는 그렇게 타의적으로 어른 혹은 아이가 되어 가는 사람들의 슬픔을 블랙 코미디의 방식으로 그려냈다. 자기 역할의 범위에서 벗어나는 일이 한국사회에서 얼마나 위태로운 일인지에 대해 이야기하고, 그러면서도 그 행위만이 우리를 구원할 수 있다고 이야기하는 이 영화는 내면 깊은 곳에서 어떤 부담감을 느끼면서도 그것에 대해 아무 말도 하지 못하는 무력한 개인들을 위해 감독이 만들어 놓은 '밤'의 시간이다. 거기서 우리는 잠시 어른도 아이도 아닌 상태로, 무언가 다른 방식의 호명을 기다리는 불완전한 주체로 머물 수 있다.

동물이 되는 것의 어려움

〈해치지않아〉(손재곤, 2020)

중국 언길의 한 오피스텔, 직업 브로커에게 속은 한국 젊은이들이 컴퓨터 앞에 앉아 누군가에게 전화를 걸어 검찰이나 은행원 흉내를 내고 있다. 보이스피싱 실적에 따라 그들은 거기서 '인간'이 될 수도 있고 '가축'이 될 수도 있다. 이것은 탐사보도 프로그램에서 소개된 특수한 범죄 상황일 뿐이겠지만, 최근에는 오너에게 거의 짐승에 가까운 취급을 받는 노동자의 이야기가 여러 매체에서 심심찮게 등장한다. 손재곤 감독의 〈해치지않아〉도 그러한 비인간적인 노동에 대한 묘사로부터 시작한다. 그런데 이 영화에서 노동자(동물원 직원)들의 작업 환경은 살벌한 게 아니라 어처구니없다. 오너로부터 동물 취급을 받는 것이 아니라, 동물 탈을 쓰고 진짜 동물 흉내를 내야 하기 때문이다. 등 뒤에서 지켜보며 협박하는 관리자는 없지만, 파산이라는 현실은 그들을 커다란 불안 속으로 몰아넣고 있다. 절대로 하고 싶지 않은 역할극을 한다는 점에서 동물원 직원들은 보이스피싱 범죄를 강요받는 젊은이들과 다를 바 없는 상황에 놓여 있다고 볼 수 있다. 사실 동물원 직원들에게 이상한 역할을 준 신임 동물원장(법무법인 JH의 변호사 강태수)이 오히려 연길의 젊은이들과 더 닮아있는 것 같다. 학력도 그저 그렇고 신입 치고는 나이도 많은 (30대 중반) 그에게 있어 동물원 회생이라는 이 미션은 곧 회사 내에서 '사람대접 받기' 미션이라고 봐야 할 것이었으니 말이다. 그는 그저 사람이 되기 위해 사장 역할을 하며 동물원 직원들에게 '성공'이라는 헛된 목표를 약속했을 따름이다.

다소 무거운 주제를 다루고 있지만, 〈해치지않아〉를 보며 가장 먼저 떠오른 영화들은 야구치 시노부 감독의 〈로봇 G〉(2011)나 이누도 잇신 감독의 〈무사 노보우〉(2011) 같은 일본 코믹 영화들이었다 (〈로봇 G〉는 가전제품회사에서 일하는 세 연구원이 자신이 만들고 있던 로봇을 실수로 파괴한 뒤 박람회에 내보내야 하는 새로운 '로봇(대역을 할 사람)'을 찾는 얘기이며, 〈무사 노보우〉는 2만 명의 군사로 쳐들어온 이시다 미쓰나리에게 500명 농민 부대로 맞선 바보 영주 나리타 나가치카에 대한 얘기이다). 거대한 현실의 벽에 무모하게 부딪히는 바보 같은 사람들의 이야기는 '약자'라고 하는 우리들의 위치를 쓸쓸하게 확인시켜주기는 하지만, 이 영화들은 현실의 부조리한 부분을 증오하거나 깨부수려고 하지 않는다. 이 세 영화들에는 '과정의 즐거움'이 있을 뿐이다. 로봇 흉내를 내는 사람이 박람회에서 인기를 끌고, 최정예 병사들을 조악한 무기들로 공격하는 농민들의 전투는 전세의 우위와는 상관없이 그저 꼬마들의 전쟁놀이처럼 즐겁게만 보인다.

〈해치지않아〉에서는 동물로 변장한 사람들이 우리에 갇혀 동물 흉내를 내는 광경이 코믹하고 자연스럽게 묘사된다. 그것이 신자유주의에 대한 노동자들의 완전한 굴복을 이야기하고 있는 것처럼 보이는데도 말이다. '민중' 혹은 '연대'라는 대의를 오락적 서사 속에서 봉쇄해버리는 것 같기도 하고, 웃으며 얘기할 수 없는 것들을 피식거리며 얘기하고 있는 것 같기도 하지만, 그들의 서사에는 분명 웃음으로 뭉개버릴 수 없는 어떤 것들이 불쑥불쑥 튀어나와 있다. '과정의 즐거움'은 현실에 대한 우리의 기본적인 인식의 틀 위에 새로운 시공간을 덮어씌우려는 어떤 괴상한 시도처럼 보이기까지 한다.

〈해치지않아〉의 동물원 직원들은 동물과 사람의 중간 지점에 우연히 놓이게 된 것인지도 모른다. 그들에게 직원 점퍼를 입혀 줬던 것이 회사로서의 동물원이었다면, 동물 탈과 가죽을 입힌 것은 '벨류파이어하우스 윌리엄 앤 개브리얼'이라는 페이퍼컴퍼니다. 길고 어색한 이름처럼, 동물원 직원들(과 강태수 변호사)을 옥죈 이 그룹은 실체가 없다. 이 유령 같은 페이퍼컴퍼니는 그들에게 구체적인 미션을 주지 않으며, 오직 직원들의 존재가 회사의 입장에서는 '빚 덩어리'일 뿐이라는 사실을 대리자를 통해 통보할 뿐이다. 직원 점 퍼는 동물원 직원들의 일상성을 보장해주는 상징물이었고, 적어도 고용자와 피고용자 모두 서로가 '인간'임을 전제하여 서로 협력 관 계를 유지할 것임을 보장하는 표징이었다. 그러나 그것들은 장부 위 에서는 그저 '적자'로 표기될 뿐이며, 인간으로서의 실체가 없는 글 로벌 금융 자본은 오직 '적자 상태'의 직원들을 '흑자 상태'로 존재하 게 만들려고 할 뿐이다. 그래서 직원들은 대리자의 요청에 따라 스 스로 직원 점퍼를 벗고 동물 가죽을 뒤집어쓴다. 즉, 그들은 스스로 동물원의 '상품'이 된 것이다.

그런데 그들이 더 완벽한 상품으로 변해 갈수록 아이러니하게도 그들은 자신의 상품성과는 전혀 관계없는 방향으로 변해 간다. 흑 자와 적자를 계산하는 것은 일상에 대한 인간의 보편적이고도 기계 적인 인식 체계 속에서만 가능한 것인데, 직원들이 동물을 좀 더 리 얼하게 연기하고 그 역할에 빠져들수록 자신의 머릿속에 있는 인간 적 보편성이 왠지 더 어색하게 느껴지기 시작했기 때문이다. 그들은 '가축'이 아니라 진짜 '동물'을 연기하려고 했다. 그래서 인간이라면 참아야만 하는 일을 참지 못하고(예를 들어, 고릴라 역할을 한 직원 김건욱은 자기가 짝사랑하는 동료 직원의 남자친구가 그녀의 돈을 떼먹고 그녀를 버리자 고릴라처럼 울부짖으며 그녀의 남자친구를 흠씬 두들겨 팬다), 느리게 지나가는 동물의 시간에 적응(나무늘보와 사자)하기도 하며 인간보다는 동물에 더 가까워지고 있었다. 즉, 그들은 동물 연기를 하며 동물원 '바깥'의 동물성까지 갖게 된 것이다. 그럼에도 불구하고 그들은 관람객 앞에서 창피함을 느끼기도 하고, 자신의 '연기'에 대해 평가하기도 하며 자신을 '인간'의 맥락 안에 그대로 둔다. 그들은 인간도 동물도 아닌 존재, 혹은 둘 다인 존재의 위치에 우연하게 놓여 버리고 만 것이다.

그런데 이 동물원에는 동물 흉내를 내는 직원이 아니라 실제 동물이 하나 있다. 북극곰 '까만코'는 수의사 한소원이 어렸을 적 동물원에 놀러왔을 때부터 인연을 맺은 곰인데, 관람객들의 지나친 행동에 스트레스를 받아 이상 행동을 보여 다른 동물원에도 팔려갈 수 없는 처지가 되었다. 그래서 까만코는 동산파크에 남아 있을 수 있었지만, 관람객들 앞에 나설 수는 없어 동물원 내의 보호 시설 안에 수용되어 있었다. 그래서 동물원 전 원장(서원장)과 현 원장(강태수 변호사)이 까만코를 대신해 북극곰 탈을 쓰고 관객들 앞에 설 수밖에 없었는데, 둘은 관람객들이 던지는 돌과 깡통, 콜라병을 맞으며 까만코의 비참했던 일상을 대신 경험해야만 했다.

인간들은 자신이 인간으로서 제대로 대접받지 못한다고 생각할 때 부조리한 현실에 맞서기보다는 자기보다 더 열등한 존재를 찾아 그것을 멸시하며 자존감을 보존하려고 한다. 그럼에도 불구하고 인간은 다른 인간에게 무시당해도 어떠한 조건(돈이나 지위 등등)이 보장되면 그것을 기꺼이 참아 넘긴다. 그러나 진짜 동물은 자신을 위협하는 상황에 대해 그저 충동적으로 대응할 뿐이다. 동산파크의 가짜 동물들을 용도폐기하고 동물원 부지에 리조트를 만들기 위해 동물원에 찾아온 황 대표(페이퍼 컴퍼니의 실소유주)는 진짜 북극곰 까만코를 동물원 직원으로 착각해 가면을 벗겨 버리려고 한다. 그러나 까만코는 황 대표의 상의를 물어뜯고 그를 위협하며 바닥에 눕혀 버린다. 그리고 강태수 변호사가 곰 변장을 하고 나와 까만코를 제지한다. 영화 초반부에서 금융투기자본을 변호한 법무법인 JH를 규탄하기 위해 사옥 앞에서 시위하던 해고 노동자들, 그리고 그들로부터 황 대표(JH의 대표이자 페이퍼컴퍼니의 실소유주)를 보호하기 위해 온몸으로 노동자들 앞을 막아서던 강태수 변호사⋯⋯ 비슷한 정황의 반복인 것 같지만 뭔가 달라진 것이 있다면, 후반부 신에서 강태수는 인간(자본)보다 동물(인간적인 것)에 가까워 진 것이 아닐까? 인간이라고 해서 다 인간적이지는 않다는 뜻이다.

영화는 자본과 노동의 다소 밋밋한 화해로 끝난다. 그러나 손재곤 감독은 《노컷뉴스》 인터뷰(2020년 1월 24일)에서 '코미디 영화이기 때문에 결말에서도 가장 최선이라고 생각하는 결정을 하는데, 실제 태수의 인생이 어떻게 될지는 모른다. 동물과 관련한 새로운 아이디어로 사업을 시작할 수도 있고. 적어도 주인공 본인 이익이 되는 결정이 아니라, 주변 사람과 동물에게 이익이 가는 올바른 결정을 하게 했다'고 밝히고 있다. 10년 만에 많은 제작비를 받아 만든, 명절 시즌에 개봉한 영화임을 감안한다면 주인공 태수를 '인간'의 위치로 돌려놓을 수밖에 없었을 감독의 심정이 이해가 간다. 그럼에도 불구하고 캐나다 생태보존공원으로 간 까만코와 그를 멀리서 지켜보는 강태수와 한소원, 그리고 동물과 인간의 세계를 나눈 투명하고 단단한 유리가 스크린 위에 포개질 때 우리는 우리 안에 곰처럼 가둬진 것을 잠깐 보게 된다. 인간이 되는 것은 어렵다. 그래서 취업을 준비하는 사촌동생에게도, 이직을 준비하는 친구들에게도 "그 회사에 있는 연봉과 직책들이 네가 인간이라는 걸 증명해주지는 않을걸"이라고 무책임하게 얘기하고 싶다. 하지만 그것은 동물이 되는 것보다는 훨씬 쉬운 길이다. 아니, 그 동물을 아주 잠깐 꺼내 놓는 일에도 큰 용기가 필요하다. 때로는 지금을 견디는 동료들에게 차분한 위로의 말을 건네는 것이 중요할지도 모르겠다. 더 중요한 순간들을 위해.

아이러니스트, 영화관에 가다

당신의 작은 식탁을 위해

〈피그Pig〉(마이클 사노스키, 2021)

1. 대접받는 시간

오래된 밥집에 대해 다루는 한 다큐멘터리를 본 적이 있다. 재밌었던 것은, 출연자의 코멘트를 통해 맛을 설명하는 부분이 별로 없다는 점이었다. 카메라는 주인이 손님을 '대접(待接)'하는 과정을 묵묵히 따라간다. 곱창을 씻고, 시래기를 끓이고, 국물을 우려내고, 음식을 그릇에 담아 손님 앞에 내놓는 과정이 담겨 있다. 그것은 우리의 식사에서 언제부턴가 사라진 감정, 즉 '대접받는다'라는 감정을 일깨우고 있었다. 그래서 나는 프로그램을 보며 누군가가 차려준 밥상 앞에서 설레었던, 오래전에 잊어버렸던 그 느낌을 떠올릴 수밖에 없었다.

영화 편집 전문가 월터 머치가 감정을 강조한 것도 비슷한 이유 때문이지 않을까.[24] 영화란 어쩌면 감독이 관객에게 선사하는 한 끼 식사와 같기 때문이다. 관객이 영화관을 나온 뒤에 기억하는 것은 편집도 촬영도 연기도 스토리도 아니다. 그들은 결국 자신이 '어떻게 느꼈나'를 기억할 뿐이다. 관람객은 영화를 보고 나온 뒤에 그것의 맛이나 질감이 아니라, 영화의 전체적인 '느낌'에 사로잡힐 것이라는 뜻이다. 집에 돌아가는 관객이 잘 '대접받았다'는 느낌을 받지 못했다면, 훌륭한 영상미나 스토리 같은 것은 아무 소용없을 것이다.

〈피그〉는 잘 차려진 한 끼 식사 같은 영화다. 영화는 스토리의 유기적 전개나 서스펜스 등의 흥미 요소에는 크게 관심을 갖지 않는다. 대신 등장인물들 사이의 미묘한 감정 변화, 스크린 밖으로 뛰쳐나올 것 같은 폭력 같은 것을 섬세하게 그려낼 뿐이다. 그것들은 한데 모여, '요리'가 아니라 '식사'로 완성되어 간다. 초대한 사람이 초대받은 사람을 '대접'해야만 성립하는 식사 말이다. 이 영화의 장르

24　그는 영상을 편집할 때 유의해야 할 여섯 가지 요소로 "①감정(그 순간의 감정에 충실하다), ②이야기(이야기를 전개한다), ③리듬(리듬이 알맞고 흥미롭다), ④눈의 궤적(화면 내에서 관객이 쳐다보는 지점과 그 지점의 이동에 유의한다), ⑤평면성(실제의 3차원이 사진의 2차원이 되는 것을 존중한다), ⑥3차원적 연속성(실제 공간, 예를 들어 방 안에서 인물들이 있는 위치와 그들의 공간적 상호 관계)"을 꼽았고, 그중 '감정'이 가장 중요한 요소라고 했다. 월터 머치, 『눈 깜빡할 사이』, 문원립 옮김, 비즈앤비즈, 2010, 29~30쪽.

는 스릴러이지만, 관객에게 익숙한 맛을 전하지는 않는다. 요리와 구타가 뒤섞인 것만큼이나 어색한, 하지만 등장인물들이 마주할 수밖에 없는 생생한 감정을 영화는 전한다. 이런 식사를 모두가 좋아하는 건 아니므로, 프랜차이즈 음식에 익숙해진 관객은 이 영화를 별로 좋아하지 않을지도 모르겠다.

2. 사라진 송로돼지

영화는 숲속 오두막집에서 송로돼지와 함께 생활하는 노년 남성 로빈의 채집 활동으로 시작된다. 그는 돼지의 도움으로 송로버섯을 찾아 생계를 유지하는데, 가끔 고급 스포츠카를 타고 찾아오는 중개상 아미르에게 돈이 아니라 요리 재료를 제공받는다. 로빈은 한 사건으로 인해 아미르에게 도움을 받을 수밖에 없게 된다. 밤중에 오두막에 침입한 괴한들이 그를 때려눕힌 뒤에 돼지를 훔쳐 달아났고, 아침에 깨어나 그들을 추적하려고 고물차에 탔지만 그것은 곧 멈춰 버렸기 때문이다. 로빈은 도로를 따라 한참 걸어가 도착한 식당에서 전화기를 빌려 아미르를 불러낸다. 그리고 아미르는 로빈을 차에 태우고 그가 가자고 하는 곳으로 순순히 그를 데려다준다. 이러저러한 사람들을 찾아가는 과정에서 곤란한 것들을 자꾸 부탁하는 로빈에게 아미르는 "이건 내 문제가 아니에요"라고 하며 화를 내기도 하지만, "자넨 버섯이 필요하고, 난 내 돼지가 필요해"라는 로빈의 심심한 대답에 그는 별 저항 없이 수긍하고 만다. 그가 로빈에게서 구체적으로 어떤 것을 보게 되었는지 이 지점에서는 잘 알 수 없다. 하지만 분명한 것은, 로빈을 송로버섯 제공자 이외에 다른 특별한 무언가로 생각하게 할 만한 무언가를 그가 어렴풋하게나마 볼 수 있게 되었다는 것이다. 로빈은 돼지의 흔적을 따라가고, 그런 로빈을 아미르가 따라간다. 그 과정에서, 두 사람은 그들의 관계 속에 분명히 존재했지만 구체적으로 설명할 수는 없었던 어떤 것들을 밝혀 나가려는 것 같다. 그동안 돼지는 정말로 로빈에게 송로버섯을 찾아다 주는 수단일 뿐이었을까? 그리고 로빈은 아미르에게서 그저 송로버섯만 가져가고 있었던 것일까? 영화는 관객에게 질문을 던진다.

3. 이름값

로빈은 아미르의 도움을 받아 15년 전에 떠난 포틀랜드로 다시 돌아간다. 그리고 돼지의 행방을 추적해나가는 과정에서 과거의 동업자들과 만나게 된다. 첫 번째로 만난 인물은 '에드거'이다. 로빈은 도시의 지저분한 일들에 관여하는 그가 돼지를 훔쳐간 자들의 행방을 알고 있을 것이라고 직감했다. 에드거는 여러 가지 일들과 관련되어 있지만, 그중에는 '지하 싸움터 운영'이라는 것도 있었다.

로빈이 도시에서 지내던 시절에 에드거는 한 호텔의 지하에 싸움터를 만들어 30년 동안 그것을 운영했다. 주요 고객은 호텔 건물 안에 있는 유명 식당의 종업원들이었다. 이 싸움터에서, 싸우는 두 사람은 동등한 관계가 아니다. 한 사람은 두 손이 묶인 채 일방적으로 맞아야 하고, 다른 한 사람은 저항할 수 없는 상대를 마음껏 두들겨 팬다. 일정 시간 동안 폭력을 감당한 사람은 에드거에게서 돈을 받아가고, 주먹질로 스트레스를 푼 사람은 에드거에게 돈을 지불한다. 식당 종업원들은 낮 동안 고객과 셰프로부터의 모멸과 욕설을 견뎠다. 그리고 그것을 회복하기 위해 밤에 지하에서 누군가에게 감정을 쏟아내고 있었다. 말하자면, 싸움터는 호텔 식당의 쌍둥이 같은 공간이었으며, 식당 사업이 지속될 수 있도록 만드는 엔진과도 같은 역할을 했다는 것이다. 로빈은 그런 곳을 운영한 에드거가 자신이 원하는 정보를 주지 않자, 그가 관심을 보일 만한 조건을 제시하기로 한다. 그것은 바로, 자신의 이름을 내걸고 싸움터에 몸을 내놓는 것이었다.

로빈은 무슨 이유에서인지 이 업계에서 잘 알려져 있다. 그가 골판지에 자신의 성과 이름(로빈 펠드)을 기록해 벽에 걸자, 싸움터 사람들이 뜨거운 관심을 보이기 시작했던 것이다. 가장 많은 금액을 제시한 참가자가 고통과 희열감이 뒤섞인 표정으로 로빈과 마주한다. 두 사람의 클로즈업된 얼굴을 카메라가 번갈아 보여주고, 로맨

틱한 배경음이 깔린다. 로빈의 얼굴에는 숭고함이 가득하고, 다른 참가자의 얼굴에는 해방감이 번진다. 모든 광경을 지켜보던 에드거의 얼굴에도 미소가 퍼진다. 그 미소는 말초적인 쾌감이 아니었다. 오랫동안 실험에 몰두하던 연구자가 마침내 답을 찾은 듯한, 통찰의 쾌감이 거기에 있었던 것이다. 그는 도시에서 음식과 관련해 하나의 신념과 등치된 전설적인 셰프의 이름인 '로빈 펠드'를 무너뜨리고, 비즈니스로서의 자기 사업에 대한 차가운 신념을 지킬 수 있었다. 자신이 원했던 것을 얻은 에드거는 로빈에게 돼지의 행방과 관련된 한 식당의 이름을 알려준다.

로빈이 두 번째로 만난 인물은 '데릭'이다. 그는 과거에 로빈이 셰프로 있던 식당에서 견습 요리사로 있다가 두 달 만에 쫓겨났는데, 로빈이 아미르와 함께 식당에 다시 찾아갔을 때는 그곳의 셰프가 되어 있다(전설적인 셰프였던 로빈의 이력이 여기서 처음 밝혀진다). 데릭은 식당 운영을 철저하게 '사업'으로 생각한다. 로빈이 돼지의 행방에 대해 물었을 때, 데릭은 말을 돌리며 자기 사업에 방해될 어떠한 행동도 하지 않을 것임을 밝힌다. 그러자 로빈은 그에게 다시 "이 식당의 컨셉이 뭐요"라고 묻는다. 그는 데릭이 지키고자 하는 게 식당 자체인지, 아니면 그의 사업인지에 대해 물은 것이다. 그러자 데릭은 '현지 재료로 만든 요리', '음식 전반에 대한 이해와 더 나은 서비스' 같은, TV CF에서나 나올 법한 멘트들을 주워섬긴다. 그러자

아이러니스트, 영화관에 가다

로빈은 그에게 다시 "그게 당신이 좋아하는 요리요?"라고 묻는데, 데릭은 그에게 "그건 최첨단의 요리예요. 모두가 좋아하니까요"라고 답한다. 그는 요리를 손님에게 내놓는 일이 그저 손님이 원하는 맛을 재현하는 것일 뿐이라고 생각하고 있었다. 하지만 그런 식탁에서 데릭과 손님이 교환하는 건 '기호'일 뿐이었다.

데릭은 돈과 명성을 얻고, 손님은 '익히 알려진 맛'을 경험한다. 그 기호에는 감정이 없다. 그래서 기호의 교환이 반복될수록 공허감은 커질 수밖에 없다. 데릭은 그 공허감을 가리기 위해 '성공한 셰프'라는 공적인 지표가 필요했던 것이다. 로빈은 그런 그에게 "그건 진짜가 아니야. 왜 손님들을 신경 쓰지? 그들은 당신에게 관심 없어"라고 하며, 그가 애써 숨기려고 했던 공허감을 내면에서 끄집어낸다. 그 감정은 데릭이 오래전부터 누군가에게 고백하고 싶었던 것이었다. 그동안 그것에 대해 아무도 관심을 갖지 않았는데, 로빈은 거기서 그것에 대해 이야기하고 있었다. 말하자면, 로빈은 처음으로 데릭의 공허감에 관심을 가진 사람이었던 것이다. 그제야 데릭은 로빈의 돼지를 훔쳐간 '그 사람'에 대해 실토한다. 그리고 그들과 식탁에 함께 앉아 있던 아미르는 그 식당의 가장 큰 거래처 사장인 자기 아버지 다리우스가 바로 그가 얘기한 '그 사람'임을 직감한다.

4. 흥정할 수 없는 맛

로빈은 마침내 외식업계의 최강자인 다리우스와 마주한다. 두 사람의 첫 만남을 담은 신은 인상적이다. 둘의 대화는 OS(Over Shoulder) 쇼트로 촬영되었다. 원래 OS쇼트는 대화를 나누는 두 사람의 연관성을 보여주는데, 여기에서는 그저 말을 듣는 대상이 말을 하는 상대의 일부를 흐릿하게 가리는 것을 보여주기 위해 사용된다. 마치 하나의 맥락 안에 섞일 수 없는 두 사람이, 각자의 맥락 속에서 서로를 이해 불가능한 무언가로 느끼고 있는 것처럼 말이다.

대립되는 두 세계의 한가운데에 '요리'가 놓여 있다. 로빈의 요리는 레시피를 통해 재현할 수 없는 것이다. 그에게 있어서 요리를 만드는 것은 그저 재료를 조합하거나 가공하는 일이 아니라, 맛에 대한 손님의 환상을 충족시켜주는 일이기 때문이다. 손님은 요리사의 손끝에서 탄생하는 세계 속으로 들어가고 싶어하고, 요리사는 손님과 자신의 환상이 겹쳐지는 곳에서만 나타나는 그 세계 속으로 손님과 묵묵히 동행한다. 그러므로 그 일시적인 환상을 공식으로 만드는 것은 불가능할 수밖에 없다. 그러나 사업가인 다리우스에게 있어서 음식을 만드는 것은 손님에게 돈을 받고 서비스를 제공하는 행위에 불과하다. 그가 로빈과 같은 요리 실력을 갖지 못했기 때문인지, 아니면 그가 음식을 만드는 행위를 로빈과는 다른 방식으로 이어나가고 싶었기 때문인지에 대해서는 이 지점에서 명확하게 알 수 없다. 다만, 두 남자가 아내를 상실했던 과거의 경험을 받아들이는 상이한 과정은 이후 요리에 대한 그들의 근본적인 태도를 유추하게 만들어 준다.

그들은 젊은 시절에 자신이 가지고 있던 맛에 대한 감각을 각자의 아내와 공유할 수 있었다. 그들의 머릿속에 있는 피상적인 감각은 아내와의 식사를 통해 아주 잠시 식탁 위에 근사한 환상으로 도래할 수 있었다. 그런데 아내가 세상을 떠나자, 그들은 그 환상을 더 이상 재현할 수 없게 되었다. 그때 로빈은 셰프 일을 그만두었고, 다리우스는 외식 사업 확장에 박차를 가했다. 로빈은 아내와의 식사를 통해 느꼈던 감정을 완벽하게 재현할 수 없다는 것을 받아들이고, 그 기억을 순수하게 보존하기 위해 송로돼지를 키워 음식을 대접했다. 그는 돼지 없이도 나무의 위치를 통해 송로버섯을 찾을 수 있었는데, 단지 음식을 대접하는 행위로 아내를 애도하기 위해 돼지와 함께 생활했던 것이다. 그에 반해, 다리우스는 아내와의 환상을 잊기 위해 강박적으로 외식업 성공의 공식을 구상하기 시작했다. 그는 아내와 먹었던 음식의 맛을 정량화할 수 없었고, 그것은 '흥정할 가치가 없는 것'이기 때문에 잊어버려야만 했다. 이처럼, 로빈과 다리우스는 각자의 유토피아에 다가가기 위해 전혀 다른 방식을 선택했고, 각자의 방식은 서로의 세계를 무너뜨릴 수도 있는 무언가가 될 수밖에 없었다.

다리우스는 로빈에게 모욕감을 주고 그를 내쫓는다. 그러나 로빈은 그에게 요리를 들고 다시 찾아가기로 한다. 아미르와 함께 로빈은 셰프 시절의 동업자들, 이를테면 서늘한 묘지에서 와인을 관리하는 제제벨이나 전통적인 방식으로 소금 바게트를 만드는 샬롯 같은 이들을 찾아가 재료를 구한다. 손님의 입맛이 아니라 삶을 궁금해하는 이들과 재회하며 로빈은 요리에 대한 예전의 감각을 되살려낸다. 그리고 그것을 다리우스의 아들인 아미르에게 가르친다. 둘은 정성스럽게 요리를 만들어, 그것으로 다리우스를 대접한다. 처음에는 시답잖은 것을 먹었다는 듯한 표정을 짓던 다리우스는, 고기를 씹고 포도주를 들이켜며 자신이 애써 외면했던 기억과 마주한다. 아내와의 행복했던 식사의 기억은 그를 무력한 한 남자로 만들고, 스스로 자신의 행동을 위선으로 여기게끔 만든다. 다리우스는 남아 있는 모든 냉소의 감정을 실어 로빈에게 "내 집에서 나가"라고 외치고, 로빈은 그런 그에게 "난 내가 대접했던 모든 식사를 기억해요"라고 답하며, 음식을 통해 내면의 소중한 감정을 떠올렸으면 좋겠다는 심정을 내비친다. 그러자 그는 자신의 익숙하지 못한 기억에 굴복하며 눈물을 흘리고, 돼지를 훔쳐간 일에 대해 사죄하며 그 돼지가 이미 죽어버렸음을 실토한다. 로빈은 그런 그에게 주먹이나 칼을 들이대지 않는다. 그저 그 앞에서 주저앉아 한없이 울고, 그러고 나서 아미르의

차를 타고 다시 사랑하는 돼지가 사라져버린 숲속으로 향한다. 맑게 흐르는 개울물, 비축된 재료들과 도구들이 마치 돼지를 대신하듯 로빈과 관객의 시선 속으로 몸을 흔들며 파고든다.

송로돼지는 자신의 신념대로 살던 로빈의 뒤늦은 속죄 과정에서 목숨을 잃었다고도 볼 수 있다. 그는 타협하지 않았기 때문에 도시를 떠나게 되었고, 그로 인해 본의 아니게 자신의 세계에서 대기표를 받고 기다리고 있었을지도 모를 손님들을 쫓아내고 말았다. 비록 그 손님들이 로빈의 요리에 호의적이지 않은 이들이었지만 말이다. 그는 손님이 훔쳐간 돼지 덕분에 다시 잃어버린 손님과 만날 수 있었고, 자신의 세계를 다시 바깥을 향해 열어둘 수 있게 되었다. 덕분에 그는 새로운 손님이자 후계자인 아미르를 자신의 식당에 초대할 수 있게 되기도 했다.

5. 에필로그

누군가가 만들어 준 정성스러운 음식, 정성스러운 물건들과 마주하기 어려운 시기다. 그것은 이 글을 쓰는 필자를 포함해, 많은 이들이 자신의 믿음이나 상상력을 공유할 수 있을 만큼 타인을 쉽게 믿을 수 없게 된 탓은 아닐까? '우리' 속의 '나'들을 연결해 줄 믿음의 체계가 절대적으로 부족하다. 하지만 언론도, 정치도, 사회 시스템도 그 체계를 만들어 나가는 것에 부담을 느끼거나, 혹은 눈앞의 이득을 포기하고 그 체계를 지켜나갈 만큼의 신념을 가지고 있지 못하다. 평범한 한 개인이 그것을 만들어 내기는 어렵다. 하지만 그 믿음의 씨앗이 될 만한 감정들을 우리의 작은 식탁을 통해 마련해볼 수도 있을 것이다. 나의 상상력과 내가 대접할 사람의 기대감이 만나는 곳에서 탄생하는 하나의 요리, 그리고 그것을 먹는 순간에 자연스럽게 섞이게 될 서로의 생각들. 그런 것들이 피어나는 식탁에서 우리는 처음으로 마음을 열고 내가 잘 모르는 사람, 이해하지 못할 것 같은 사람과 대화할 수 있게 될지도 모르겠다. 어떤 세속적 지위도 명예도 없는 한 남자가 도시의 냉혈한들을 손님으로 받아들였던 것처럼, 그리고 그 과정을 통해 자신의 커다란 상실감을 극복할 수 있었던 것처럼, 영화 〈피그〉를 통해 우리도 자신과 생각이 다른 누군가를 작은 식탁에 초대할 수 있는 용기를 가져볼 수 있었으면 좋겠다.

소녀 검객은 청춘영화의 꿈을 꾼다

〈썸머 필름을 타고!サマ_フィルムにのって〉(마츠모토 소우시, 2020)

1. 청춘 속으로 날아온 미래

짧은 머리를 한 고등학생 소녀가 나뭇가지를 휘두르며 둔치를 건
는다. 그녀는 몇 분 전까지 아지트(버려진 승합차를 개조해 만들었
다)에서 '킥보드', '블루 하와이'라는 별명을 가진 두 소녀와 〈자토이
치〉[25] 시리즈를 감상했기 때문이다. 맹인 검객 흉내를 내는 그녀는 시
대극 덕후다. 그런 그녀의 머릿속에서는 영화의 결투 장면이 좀처럼
사라지지 않는다. 그렇게 나뭇가지를 몇 번 휘두르는 사이에 소녀
와 같은 학교 교복을 입은 남학생 세 명이 반대편에서 다가온다. 어

---

25   카츠 신타로(1931년 11월 29일~1997년 6월 21일)가 제작, 주연까지 맡은 최장수
시리즈.

색해진 소녀는 멋쩍게 웃으며 잠시 뒤를 돌아본다. 그리고 심호흡을 한 뒤에 다시 정면으로 나뭇가지를 휘두르는데, 그 순간 세상은 조금 변한 것처럼 보인다. 그녀의 곁을 지나갔던 남학생들은 얼어붙은 듯 멈췄고, 근처 고등학생 커플이 주고받던 핑크색 원반의 속도도 허공에 멈춰 있는 것처럼 거의 움직이지 않았던 것이다.

영화 〈썸머 필름을 타고!〉의 주인공인 소녀 감독 '맨발'은 검객들의 결투를 다루는 시대극을 자신의 '진짜 세상'으로 여긴다. 거기서 시간은 그녀의 마음속 호흡에 맞춰 흘러가기 때문이다. 맨발이 직접 각본을 쓴 시대극 영화는 자신이 소속된 영화 동아리의 제작 투표에서 경쟁자인 '카린'의 로맨스 영화에 압도적인 득표 차로 밀렸지만, 같은 학교 친구들인 '킥보드'와 '블루 하와이'는 맨발의 영화를 세상 어느 영화보다도 사랑한다. 그들만이 공유할 수 있는 리듬과 공기가 그 안에 있기 때문이다. 그것에 '축제'든 '소우주(小宇宙)'든, 어떤 이름을 붙여도 상관없다. 어쨌든 그곳에는 현실 논리에 얽매인 이들은 알 수 없는 감각들이 가득 차 있다는 것만은 분명하다. 그리고 그 감각이 그들을 소녀로(혹은 소년으로) 만들어 준다. 〈썸머 필름을 타고!〉의 감독인 마츠모토 소우시는 그런 그들이 머무는 장소를 '청춘'과 '영화'로 동시에 호명하는 것 같다.

문제는 그곳에 갑자기 '미래'가 끼어든다는 점이다. 영화라는 씨앗을 이제 막 삶의 한구석에 심은 세 소녀 앞에, 거장이 된 '맨발'의 영화를 보고 팬이 되었다는 소년이 별안간 등장한 것이다. 그는 맨발 감독이 미래에 최고의 검객 영화감독이 된다는 사실, 그리고 그로부터 더 시간이 흐른 뒤에는 모종의 이유로 영화라는 장르가 세상에서 사라진다는 사실을 동시에 전한다. 이제 막 시작한 이야기의 결말을 알아 버린 소녀들은 더 이상 자신의 청춘 속에 즐겁게 머물 수 없다. 그들이 영화를 만들어 나가는 과정이 미래라는 '결과' 때문에 의미를 잃어버린 것 같았기 때문이다. 하지만 이런 심각한 문제는 그들에게 가까이 다가오다가 멈춰 버리고 만다. 아지트를 한가득 채운 시대극 포스터와 비디오 사이의 공기가 너무 경쾌해서, 그들의 소우주에 생긴 균열은 그 분위기로 순식간에 봉합되기 때문이다. 그럼에도 불구하고, '왜 지금 미래가 나에게 찾아왔는가'라는 질문은 그들의 세계를 향해 계속 부딪혀 온다. 청춘은 현실 세계처럼 정교하거나 단단하지 않기 때문이다. 깨지지 않을 만큼의 충격과 그것을 막아내는 코믹한 열정. 마츠모토 소우시 감독의 청춘과 영화에 대한 근본적인 고민은 그 안에서 파도처럼 출렁이며 소년·소녀들을 '학원제'라는 목적지로 이끌어 간다.

2. 질문으로서의 결투, 이해로서의 사랑

〈썸머 필름을 타고!〉의 서사를 지탱하는 두 중심축은 '결투'와 '사랑'

이다. 표면적으로 영화 안에서 가장 큰 대결은 로맨스 영화를 만드는 영화 동아리의 부장 카린과 시대극을 만드는 맨발 감독의 대결인 것처럼 보이지만, 더 중요한 대결은 미래에서 온 소년 '린타로'와 그를 주연 배우로 캐스팅한 맨발 감독 사이에서 벌어진다.

두 사람은 각자를 서로의 '미래'로서 바라보고 있다. 이것은 앞서 언급했던 미래, 즉 먼 훗날 실제로 일어나게 될 일들을 의미하지는 않는다. 오히려 그들 각자의 마음속에 있는 '영화'에 대한 기대감을 그들의 미래라고 이야기해볼 수 있겠다. 맨발 감독은 아직 세상에 나오지 못한 자기 영화의 주연으로 린타로를 점찍었고, 린타로는 삶의 의미를 쉽게 찾을 수 없었던 자신에게 그것을 가르쳐 준 맨발 감독의 영화가 시작된 곳을 확인하기 위해 과거로 왔다. 즉, 그들 각자는 삶의 구심점이 되어 줄 수도 있는 '영화'의 조각을 서로에게서 발견했으며, 여러 겹으로 접혀 있는 그 조각을 펼쳐 나가는 과정에서 '미래'가 완성되어 갈 것이라고 믿었을 것이라는 뜻이다. 그러나 그들은 그런 '영화'에 대해 각자 다른 견해를 가지고 있었다. 린타로에게 있어서 영화는 멀리서 자신의 여정을 인도하는 북극성 같은 것이었고, 맨발 감독에게 있어서 영화는 현실 속에서 서툴기만 한 자신을 보호해 줄 수 있는 거북이 등껍질[26] 같은 것이었다. 그래서 린타로

---

26 맨발 감독이 혼자 있고 싶어할 때 영화에서는 거북이 한 마리가 담긴 어항이 등장하곤 한다.

는 맨발 감독이 사는 시간 속으로 들어왔음에도 불구하고 그녀를 최대한 멀리서 바라보려고 했고, 맨발 감독은 자신의 갑옷이 되어 줄 영화(시대극)의 주인공으로 어울리는 외모를 가진(그리고 시대극을 너무나 좋아하기도 하는) 린타로를 최대한 가까이에서 바라보려고 했다. 둘은 하나의 영화 속에서 서로 다른 각자의 영화를 가지고 대치하고 있었던 셈이다.

이 '결투'에서 처음 도망친 것은 린타로다. 북극성에 너무 가까이 다가가면 그의 현실이 녹아 없어질 것이라는 것을 그는 잘 알고 있었기 때문이다(영화에서는 이것을 '타임 패러독스'로 비유하는 것 같다. 그의 개입에 의해 타임라인이 흐트러지면, 그의 현실은 시간 속에서 녹아 없어져 버릴 수도 있다). 맨발 감독이 린타로와 처음으로 마주친 곳은 시대극을 주로 상영하는 작은 극장이다. 엔딩 크레딧이 다 올라오고 객석에 불이 들어왔는데도 혼자 훌쩍거리며 영화 속에서 빠져나오지 못하는 린타로를 보며, 맨발은 어떤 '열정' 같은 것을 발견했던 것 같다. 조금 잘생겼다는 것을 빼면 특별할 것이 없는 그를 '주인공'으로 보이게 만든 것이 바로 그 열정일 듯싶다. 그래서 맨발은 린타로를 본 순간 자기가 쓴 영화 대본의 주인공 이름인 '이노타로'를 외치며 그에게 큰 관심을 보이지만, 린타로는 자신의 영화 그 자체인 감독의 서사에 개입하고 싶지 않았기 때문에 그녀에게서 도망치려고 한다. 하지만 결국 감독에게 붙잡힌 그는 "네가 캐스팅을 거절하면 이 영화를 만들지 않을 거야"라는 감독의 말에 못 이겨 순순히 이노타로 역을 받아들인다.

그리고 이 싸움에서 두 번째로 도망치는 것은 맨발 감독이다. 영화의 다른 배역(이노타로와 맞서는 옛 친구 역)과 스태프들을 구한 뒤 촬영은 비교적 순조롭게 이뤄지지만, 우연히 린타로에게서 미래 얘기를 듣게 된 뒤 그녀의 마음이 심하게 흔들리게 된다. 자신이 성공한 감독이 되었다는 사실은 크게 놀랄 만한 일이 아니었지만, 영화가 없어진다는 사실은 그녀에게 큰 충격을 주었던 것이다. 작은 공 모양의 타임머신을 통해 맨발 일행과 원격으로 대면하게 된 린타로의 친구는 "미래에는 모두 남의 이야기에 쓸 시간이 없"기 때문에 영화가 없어졌다고 말하는데, 이것은 맨발 감독이 스태프들에게 "영화는 스크린을 통해 현재랑 과거를 이어준다고 생각"하기 때문에 영화를 좋아하게 되었다고 말한 것과 정반대의 의미를 갖고 있다. 영화관은 '개인(들)의 방'이다. 거기에는 영화를 만든 감독이 현실 속에서 꺼내 놓지 못한 이야기와 시간들이 가득 차 있고, 관객들은 그런 감독의 이야기와 마주하며 거기서 자신이 잃어버린 이야기와 시간들을 떠올린다. 그리고 그 과정을 통해 삶에 대한 온전한 감각을 회복한다. 사실, 우리는 현실 속에서 비슷한 방식으로 각자의 고유한 말들을 잃어버리고, 그것을 되찾거나 복원하기 위해 자기 안에 또 다른 시공간을 만들기 때문이다. 그래서 우리는 극장에서 다른 사람의 이야기 속으로 들어왔는데도 마치 나의 내면에 들어온 것 같은 느낌을 받게 되는 것이다. 그리고 거기에 우리의 진짜 '과거-현재-미래'가 있다고 믿었기 때문에 맨발 감독은 영화가 현재와 과거를 이어준다고 이야기했던 것 같다. 그런 장소인 영화가 미래에는 없어진다고 하니, 그녀는 자신의 열정이 아무 의미 없는 건 아닐까 하고 생각할 수밖에 없었던 것이다. 그래서 맨발 감독은 해변 촬영 일정 중에 잠시 자신의 숙소 방에 틀어박혀 거북이처럼 웅크리고 있게 된다.

그런 맨발 감독에게 린타로는 다시 대결을 요청한다. 그는 한 감독의 영화는 다른 세계에 대한 질문이 되어야 한다는 사실을 일깨워주는 것 같다. 처음에 린타로가 맨발 감독에게서 도망치려고 했을 때, 그 역시 자신의 영화와 자기 자신을 분리하고 있었다. 그는 맨발 감독의 빛나는 영화 속에 섞여들어 그것을 오염시키고 싶지도 않았고, 또 그 영화의 강렬한 빛에 의해 자신의 현실이 녹아 없어지는 것도 원치 않았다. 그는 그저 그녀의 영화를 멀리서 우러러보고만 싶었던 것이다. 맨발 감독의 초기작이 미래에 남아 있기만 했더라도 그는 과거로 오지 않았을 것이다. 하지만 그런 자신을 끝까지 따라와 영화의 주연으로 만든 맨발 감독을 보며, 그는 그녀가 자신의 안전한 세계에 '질문'으로서 다가왔다는 것을 깨달았다. 그는 자신의 현실과 맨발의 영화라는 이상의 체계가 분리되어야 한다고 생각했지만, 그것은 그저 두 세계를 나란히 놓는 일에 지나지 않았다. 맨발의 영화가 그의 현실에 질문으로 들어오지 않는다면 그의 삶 속에서 영화라는 조각은 펼쳐지지 않은 채 잠재성의 상태로만 남아 있게 된다. 마치 땅속에 심긴 씨앗과 태양의 관계처럼 말이다. 린타로의 영화가 세상 바깥으로 잎과 줄기를 뻗어내리려면 그는 자신의 껍질을 햇빛의 에너지를 통해 녹여 없애야 한다. 그는 감독과의 대화를 통해, 그리고 영화 촬영 과정을 통해 그것을 어렴풋하게나마 깨달았다. 그런데 오히려 린타로에게 '미래에는 영화가 없어진다'는 얘기를 들은 감독이 영화 촬영을 멈추고 자기 방에 틀어박히고 만 것이었다. 그녀는 촬영 전에 린타로에게 "난 두 검객이 서로를 베지 않고 끝나는 영화를 만들고 싶어"라고 이야기한 적 있다. 그녀는 한 세계와 다른 세계가 서로 치열하게 생각을 맞부딪히는 공간으로서의 영화가 아니라, 그저 취향과 취향이 만나 서로를 안전하게 보호하는 곳으로서의 영화를 생각했던 것이다. 그런 공간이 미래에 사라진다면 그녀가 지금 영화를 애써 만들 이유가 없을지도 모른다.

하지만 영화가 공간일 뿐만 아니라 질문이기도 하다면 얘기는 달라진다. 질문은 지금 우리에게 전제된 형식들을 있는 그대로 받아들이지 않을 때 시작된다. 영화가 개인들의 삶의 구체성을 재현하지 못하는 현실에 대한 질문이라면, 그것은 영화관이 아니라 어떤 곳에서도 상영될 수 있다. 형식으로서의 영화가 현실 논리에 의해 사라진다고 해서 질문으로서의 영화까지 사라지지는 않는다는 뜻이다. 린타로는 맨발 감독의 영화 촬영에 참여하며 그것을 충분히 깨달았고, 아직 그것을 이해하지 못한 어린 감독에게 '대결'을 신청하며 서로의 영화에 대한 생각을 마음껏 부딪혀 그녀에게 질문으로서의 영화를 가르쳐 주려고 했다. 그런 그가 내민 손을 잡고 일어설 때 맨발 감독은 '거북이'에서 '검객'으로 거듭난다. 그렇게 맨발의 영화는 그녀가 소망했던 것처럼 현재와 과거와 미래를 잇는다.

한편, 영화 동아리의 부장인 카린의 로맨스 영화 팀은 맨발의 영화 팀 주변을 계속 따라붙는 것처럼 보인다. 작은 도시에서 영화 촬영지로 쓸 만한 곳은 그리 많지 않았기 때문에 두 팀은 자주 마주칠 수밖에 없었던 것이다. 처음에는 한쪽이 다른 쪽을 인정하지 않는 구도로 영화 촬영이 전개되지만, 그 과정에서 각 팀에 예측하지 못한 사고들이 발생하면서 맨발과 카린은 서로 협력할 수밖에 없는 상황에 놓이게 된다. 그래서 카린의 스태프가 맨발의 촬영을 돕기도 하고, 맨발과 배우들의 검술 지도를 담당했던 '블루 하와이'가 평소에 숨기고 있던 로맨스 영화에 대한 '덕력'을 발휘하며 카린의 영화에서 주인공의 죽은 전 여자친구 역할을 완벽하게 소화하기도 한다. 대립하던 두 팀이 의도치 않았던 상황에서 자연스럽게 섞여들 수 있었던 것은 각각 영화의 형식이 아니라 그 영화를 향한 '열정'을 서로 바라봐 주었기 때문이다. 진심으로 대결하는 두 검객은 자기가 원하든 원치 않든 상대방의 뜨거운 눈빛과 마주하게 된다. 그리고 그 눈빛 위에 겹쳐지는 자신의 열정을 거기서 발견하게 되기도 한다. 카린의 팀도 자신의 영화에 진심을 다했기 때문에, 그들의 영화는 맨발의 영화에 제대로 맞부딪히며 서로 섞여들 수 있었다. 이 과정에서 그들은 서로의 형식 너머에 있는 각자의 진짜 '영화'와 만나게 되고, 그것을 진심으로 이해할 수 있게 된다. 그런 그들의 서사를 대결로도, 그리고 사랑(우정)으로도 볼 수 있는 것은 그 때문이다.

대결이 사랑이 되고, 또 사랑하기 때문에 대결하는 두 팀은 학원제에서 자신들이 정의하는 '영화'의 형태를 조금 특별하게 보여준다. 스크린의 바깥에서 영화의 결말을 완성하는 방식[27]은 보는 이들에 따라 조악하거나 투박하게 보일 수 있지만, "영화가 극장이 아니라 우리 '안'에 있지 않을까?"라는 마츠모토 소우시 감독의 질문은 관객에게 충분히 전해진다. 소년과 소녀들은 현실 속에서 잃어버렸던 삶의 생생한 감각들을 영화를 통해 찾을 수 있었다. 그리고 자신의 영화를 영화라는 장르가 아니라 우리 곁에서 언제나 존재할 수 있는 '질문'으로 바꿔 놓았다. 청춘영화의 구조를 고스란히 유지하면서도 그 안에 '영화란 무엇인가'라는 제법 묵직한 메시지까지 담은 마츠모토 감독의 영화 〈썸머 필름을 타고!〉는 어쩌면 영화에 대

---

27 글을 읽는 분들이 영화를 직접 보고 확인하는 것이 좋을 것 같아, 여기서는 구체적으로 밝히지 않으려고 한다.

한 우리의 사랑이나 고민이 산업 구조 속에서가 아니라 '영화는 나에게 어떤 것인가'에 대해 생각하는 절실한 마음과 열정을 바탕으로 하고 있어야 한다는 사실을 조금 유쾌한 어조로 이야기해주는 작품이 아닐까 하는 생각이 들었다.

3. 질문을 멈추지 않는 청춘영화

좋은 영화는 언제나 세상에게 질문을 던져 왔다. 우리 눈앞에 보이는 세계와 보이지 않는 세계의 경계에 놓인 영화는, 두 세계를 매개하며 필연적으로 양쪽의 불완전한 부분들을 현상(現像)할 수밖에 없기 때문이다. 그러나 지금 영화는 자신이 가진 질문을 마음껏 세상에 던지지 못하고 있다. 지난 몇 년간 팬데믹으로 인해 영화 시장이 축소되면서 상업성이 없거나 부족한 영화들이 자본의 선택을 받지 못한 탓도 있겠지만, 영화를 사랑하는 이들이 이제 더 이상 영화가 가진 질문의 힘을 믿지 못하게 된 탓도 있겠다. 이런 시기에 '청춘 영화'라는 예상치 못한 장소에서 무모하게, 그리고 명랑하게 '영화의 미래'에 대해 이야기하는 영화 〈썸머 필름을 타고!〉를 이번에 만나게 되어 정말 반갑다.

질병과 재해와 전쟁, 그리고 인간의 통제를 벗어나고 있는 자본화라는 현실 앞에서 영화를 사랑하는 이들은 지금 영화를 통해 할 수 있는 일이 아무것도 없지 않을까 하는 두려움과 고민에 빠져 있다. 하지만 이런 시기에도 다시 극장을 찾는 관객들이 있고, 또 자신의 영화를 통해 현실과 끊임없이 부딪히는 창작자들이 있다. 그런 그들이 '영화의 종말'이라는 자신의 미래 앞에서도 혼신을 다해, 또 너무나도 즐겁게 스스로의 영화를 지켜나가는 소년·소녀들을 닮은 게 아닐까?

하스미 시게히코는 "존재의 와해를 동반하지 않고 보는 행위가 성립할 수 없다"[28]는 말로 영화의 본질을 설명했다. 영화 관람은 관객이 자신의 세계를 거기에 부딪히고, 섞여들면서 자기 존재의 껍질을 녹여 없애는 과정이다. 거기에는 분명 어떤 무모함 같은 것이 필요하며, 그 무모함은 '보이지 않는 세계'를 보고자 하는 열망에 기초해야 한다. 이제 다시 우리는 막막한 현실 앞에서 좀 더 무모해질 필요가 있다. 영화가 정말로 미래에 사라질지도 모르지만, 우리는 자신만의 방식으로 영화를 사랑하기 위해 열정 가득했던 '과거'로 돌아가야 할지도 모르겠다. 그러면 거기서 자토이치를 흉내 내는 귀여운 소녀를 닮은 자신을 발견할 수도 있겠다.

---

28   하스미 시게히코, 「영화, 이 부재하는 것의 광채」, 『영화의 맨살-하스미 시게히코 영화비평선』, 박창학 옮김, 이모션북스, 2015, 25쪽.

에필로그

내게 드라마 보는 재미를 알려주셨던 어머니, 비평의 의미에 대해 알려주신 유성호·서경석·이재복 교수님, 영화를 보는 다양한 관점을 좋은 글들로 가르쳐주신 여러 영화비평가 선생님들께 감사 인사를 드린다.

내 글을 읽어준 독자분들과 대학원 동료들, 책 출간 전까지 많은 조언을 해주신 최진석 선생님과 김세연 선생님에게도 감사의 마음을 전한다. 많이 부족한 글을 책으로 엮을 수 있게 힘써 주신 작가출판사 손정순 대표님과 설재원 선생님, 책을 예쁘게 편집해주신 오경은 실장님과 표지 디자인을 맡아주신 최정진 형님께도 감사 인사를 전한다. 그리고 무엇보다, 어려운 여건 속에서도 훌륭한 영화들을 만들어 주신 영화인들에게 특별히 더 감사하다는 말씀을 드리고 싶다.

아이러니스트, 영화관에 가다

2024년 4월 16일 초판 1쇄 인쇄
2024년 4월 24일 초판 1쇄 발행

지은이 | 양진호
펴낸이 | 孫貞順
펴낸곳 | 도서출판 작가
　　　　(03756) 서울 서대문구 북아현로6길 50
　　　　전화 | 02)365-8111~2　팩스 | 02)365-8110
　　　　이메일 | cultura@cultura.co.kr
　　　　홈페이지 | www.cultura.co.kr
　　　　등록번호 | 제13-630호(2000. 2. 9.)

편집 | 손희 김치성 설재원
디자인 | 오경은 박근영
영업 | 박영민
관리 | 이용승

ISBN 979-11-90566-83-4 (93680)

값 15,000원